FAZER-FAMÍLIA E FAZER-ANTROPOLOGIA
UMA ETNOGRAFIA DENTRO DE CASA

Editora Appris Ltda.
1.ª Edição - Copyright© 2025 dos autores
Direitos de Edição Reservados à Editora Appris Ltda.

Nenhuma parte desta obra poderá ser utilizada indevidamente, sem estar de acordo com a Lei nº 9.610/98. Se incorreções forem encontradas, serão de exclusiva responsabilidade de seus organizadores. Foi realizado o Depósito Legal na Fundação Biblioteca Nacional, de acordo com as Leis nᵒˢ 10.994, de 14/12/2004, e 12.192, de 14/01/2010.

Catalogação na Fonte
Elaborado por: Josefina A. S. Guedes
Bibliotecária CRB 9/870

S237f
2025
	Santos, Ana Clara Sousa Damásio dos
	    Fazer-família e fazer-antropologia: uma etnografia dentro de casa /
	Ana Clara Sousa Damásio dos Santos. – 1 ed. – Curitiba: Appris, 2025.
	    169 p. ; 23 cm. – (Ciências sociais. Seção antropologia).
	
	    Inclui referências.
	    ISBN 978-65-250-7449-8
	
	    1. Antropologia. 2. Família. 3. Etnografia e história. I. Título. II. Série.
	
	                                     CDD – 306

Livro de acordo com a normalização técnica da ABNT

Appris *editorial*

Editora e Livraria Appris Ltda.
Av. Manoel Ribas, 2265 – Mercês
Curitiba/PR – CEP: 80810-002
Tel. (41) 3156 - 4731
www.editoraappris.com.br

Printed in Brazil
Impresso no Brasil

Ana Clara Sousa Damásio dos Santos

FAZER-FAMÍLIA E FAZER-ANTROPOLOGIA
UMA ETNOGRAFIA DENTRO DE CASA

Appris
editora

Curitiba, PR
2025

FICHA TÉCNICA

EDITORIAL Augusto Coelho
Sara C. de Andrade Coelho

COMITÊ EDITORIAL
Ana El Achkar (Universo/RJ)
Andréa Barbosa Gouveia (UFPR)
Antonio Evangelista de Souza Netto (PUC-SP)
Belinda Cunha (UFPB)
Délton Winter de Carvalho (FMP)
Edson da Silva (UFVJM)
Eliete Correia dos Santos (UEPB)
Erineu Foerste (Ufes)
Fabiano Santos (UERJ-IESP)
Francinete Fernandes de Sousa (UEPB)
Francisco Carlos Duarte (PUCPR)
Francisco de Assis (Fiam-Faam-SP-Brasil)
Gláucia Figueiredo (UNIPAMPA/ UDELAR)
Jacques de Lima Ferreira (UNOESC)
Jean Carlos Gonçalves (UFPR)
José Wálter Nunes (UnB)
Junia de Vilhena (PUC-RIO)

Lucas Mesquita (UNILA)
Márcia Gonçalves (Unitau)
Maria Aparecida Barbosa (USP)
Maria Margarida de Andrade (Umack)
Marilda A. Behrens (PUCPR)
Marília Andrade Torales Campos (UFPR)
Marli Caetano
Patrícia L. Torres (PUCPR)
Paula Costa Mosca Macedo (UNIFESP)
Ramon Blanco (UNILA)
Roberta Ecleide Kelly (NEPE)
Roque Ismael da Costa Güllich (UFFS)
Sergio Gomes (UFRJ)
Tiago Gagliano Pinto Alberto (PUCPR)
Toni Reis (UP)
Valdomiro de Oliveira (UFPR)

SUPERVISORA EDITORIAL Renata C. Lopes

PRODUÇÃO EDITORIAL Adrielli de Almeida

REVISÃO Débora Sauaf

DIAGRAMAÇÃO Amélia Lopes

CAPA Mateus Porfírio

REVISÃO DE PROVA Bruna Santos

COMITÊ CIENTÍFICO DA COLEÇÃO CIÊNCIAS SOCIAIS

DIREÇÃO CIENTÍFICA Fabiano Santos (UERJ-IESP)

CONSULTORES
Alícia Ferreira Gonçalves (UFPB)
Artur Perrusi (UFPB)
Carlos Xavier de Azevedo Netto (UFPB)
Charles Pessanha (UFRJ)
Flávio Munhoz Sofiati (UFG)
Elisandro Pires Frigo (UFPR-Palotina)
Gabriel Augusto Miranda Setti (UnB)
Helcimara de Souza Telles (UFMG)
Iraneide Soares da Silva (UFC-UFPI)
João Feres Junior (Uerj)

Jordão Horta Nunes (UFG)
José Henrique Artigas de Godoy (UFPB)
Josilene Pinheiro Mariz (UFCG)
Leticia Andrade (UEMS)
Luiz Gonzaga Teixeira (USP)
Marcelo Almeida Peloggio (UFC)
Maurício Novaes Souza (IF Sudeste-MG)
Michelle Sato Frigo (UFPR-Palotina)
Revalino Freitas (UFG)
Simone Wolff (UEL)

AGRADECIMENTOS

Às minhas parentes-interlocutoras, por acreditarem que a educação é o caminho dentre os caminhos (e por me fazerem seguir).

Às minhas professoras, mães e mentoras: sem vocês, nenhuma linha deste livro seria possível.

Às minhas amigas de vida (vocês sabem quem são): minha caminhada foi menos solitária com vocês.

À Analice da Silva Sousa (mãe minha) e seu cheiro de café-casa.

APRESENTAÇÃO

Fazer-família e fazer-antropologia: uma etnografia dentro de casa é um livro que surge, em muitos sentidos, dos meus dilemas sobre como lidar com aquilo que chamamos de antropologia brasileira. Quando estamos em diálogo com a antropologia, dependendo da nossa posição no mundo, pode parecer que estamos seguindo o caminho contrário aos autores clássicos da disciplina. Afinal, eu não era muito parecida com eles. Sou uma mulher negra de pele clara, perto dos trinta anos, nasci em uma família da classe trabalhadora, estudei sempre em escolas públicas e morei na periferia das cidades em que vivi. O que eu teria para dialogar com a antropologia?

Foi justamente nesse processo de me posicionar em relação a mim mesma, ao mundo e à antropologia brasileira, que, em vez de olhar para fora de casa, escolhi olhar para dentro. E ao fazer esse movimento, percebi que não precisava sair de casa para realizar uma etnografia. Entendi que, como tantas outras famílias, eu sabia muito pouco sobre a história da minha própria família. E como, a partir desse cenário, eu poderia ter interesse pelas histórias dos "outros" se nem mesmo conhecia minha própria história, não sabia de onde minha família vinha, o que afinal era minha própria família e quem poderia me ensinar sobre ela?

Fazer uma etnografia dentro de casa me relembrou que a antropologia é produzida na relação, seja essa relação de interlocução, amizade, parceria ou parentesco. Não por acaso, *Fazer-família e fazer-antropologia: uma etnografia dentro de casa* também responde a uma demanda específica do nosso tempo: a de uma geração de antropólogos negros, indígenas, quilombolas, ciganos e de terreiro, que decidem olhar para seus próprios territórios e enxergar aqueles que sempre estiveram ao seu lado como produtores de conhecimento, e que eles também poderiam, a partir da própria escrita, compartilhar esses saberes com o mundo. A partir dessa percepção, este livro passa fortemente pelo processo de criar uma etnografia imersa em "ajudas" e nas relações imersas nelas.

Aqui, exploro justamente as dinâmicas familiares a partir das mulheres mais velhas da minha família, compreendendo como elas constroem suas famílias, enfrentam o envelhecimento, criam suas casas e filhos.

Analiso as implicações de conduzir uma pesquisa com parentes que "espiam", "ajudam" e têm "direitos" sobre as histórias contadas e escritas. Descobri que as pessoas de dentro de casa também podem ser interlocutoras valiosas, ou melhor, parentes-interlocutoras. Ao assumir o papel de cuidadora da minha avó Anita, uma senhora que enfrentava os desafios do envelhecimento, emergiram discussões significativas sobre família, parentesco, gênero e geração.

O foco desta etnografia é discutir e analisar como, por meio da pesquisa com parentes-interlocutoras, é possível entender as classificações associadas ao curso da vida, ao "envelhecimento" e às categorias de periodização da vida. Além disso, uma etnografia "dentro de casa" permite refletir sobre as possíveis configurações de proximidade e distância na tradicional relação "Nós" *versus* "Eles".

Este livro é um convite para que você também olhe para dentro da sua casa, da cozinha da sua avó, das ausências de outros parentes, dos conflitos inerentes às dinâmicas familiares, para o quintal da sua tia, para a barbearia do seu avô em qualquer bairro deste país. Este é um livro sobre sua família e, como diria minha avó Anita, "Família é coisa que rende".

Com uma abordagem íntima e reflexiva, *Fazer-família e fazer-antropologia* oferece uma perspectiva sobre a antropologia contemporânea, revelando como as relações de parentesco podem ser uma rica fonte de conhecimento e compreensão sobre a vida humana.

A autora

PREFÁCIO

Um prefácio para mergulhar no fascinante universo do "*Cair pra Idade*" em Canto do Buriti-PI

Lembramos que a antropologia não apenas apreende o mundo em que ela está inserida, mas que o mundo também determina como a antropologia irá apreendê-lo.

(Asad, 2017, p. 318).

É com grande alegria que aceitei o convite de Ana Clara Sousa Damásio dos Santos para redigir o prefácio de seu primeiro livro *Fazer-família e fazer-antropologia: uma etnografia dentro de casa*. De antemão, destaco a responsabilidade que é prefaciar este notável trabalho de uma jovem antropóloga negra, arguta e arrojada, a qual vem ganhando merecido destaque e reconhecimento no cenário antropológico recente no Brasil.

A obra aqui apresentada é uma contribuição ímpar e pluripotente para debates teóricos, metodológicos, éticos e epistemológicos importantes na antropologia social atual, assim como para outros campos de conhecimento. Além disso, o estilo textual leve, envolvente, afetuoso e persuasivo de Ana Clara é como um sopro de ar fresco entre as análises etnográficas contemporâneas sobre curso da vida, envelhecimento e velhice em cidades e vilarejos de interior em nosso país.

Resultado de sua dissertação de mestrado defendida sob minha orientação no Programa de Pós-Graduação em Antropologia Social da Universidade Federal de Goiás, este livro é um exemplo da fina sensibilidade analítica da autora. O mesmo pode ser dito de seu tino etnográfico, em especial de sua excelente leitura e problematização das concepções, categorias, relações e experiências de campo entre suas "parentes-interlocutoras" em Canto do Buriti, no interior do estado do Piauí.

Em um trabalho de campo conduzido em uma conjuntura complexa no Brasil – os desafiadores anos pós-golpe de 2016: o período final do governo de Michel Temer; os primeiros anos do governo de Jair Messias

Bolsonaro; os preocupantes ataques às universidades públicas; os cortes no financiamento às pesquisas; a pandemia da Covid-19 –, a etnografia produzida por Ana Clara é uma realização louvável. Uma espécie de exemplo da "limonada" inadvertida que se pode produzir com frutos, à primeira vista, apenas azedos e amargos dos imponderáveis da vida e sua conjuntura.

Em diálogos sólidos e rentáveis com a literatura antropológica sobre problemáticas e limitações representacionais nas produções etnográficas ao longo do século XX, esta obra reflete com competência a necessidade atual de novas posturas éticas, novos modos de teorizar e novas maneiras de imaginar e desenvolver relações etnográficas em campo a partir de uma chave mais reflexiva, simétrica, crítica, decolonial e politicamente sensibilizada.

A autora, assim sendo, foi ousada e bem-sucedida ao eleger a análise de um contexto etnográfico relativamente incomum, mesmo nos dias atuais: sua própria família. Esta obra, portanto, distingue-se do modelo de etnografias fundado nas primeiras décadas do século XX, o qual pressupunha o exame de alteridades radicais como único ou principal "objeto" legítimo da antropologia social e cultural. Em outras palavras, dever-se-ia pesquisar os "Outros", distantes geográfica e temporalmente das metrópoles ocidentais; povos outrora tidos como "selvagens" ou "primitivos" (Wagner, 2010 [1975]).

Esse tipo de etnografia clássica, entretanto, esteve sob profundo escrutínio e crítica nas últimas décadas, uma vez estar assentado em inegáveis e, por vezes, abissais assimetrias e desigualdades geopolíticas (Caldeira, 1988). Processos esses provenientes de configurações capitalistas, de processos civilizatórios racistas e de fundo eurocêntrico e, sobretudo, de empreitadas colonialistas que deixaram profundas marcas, tanto em povos colonizados quanto em colonizadores (Fanon, 2008 [1952]).

Após a Segunda Guerra Mundial, os movimentos anticoloniais de libertação nacional em vários pontos do globo também contribuíram para promover mudanças fundamentais que afetaram a antropologia social tanto em seu "objeto" quanto em seu suporte ideológico e base organizacional (Asad, 2017, p. 318). As etnografias de tipo malinowskiano, assim sendo, desenvolvidas na conjuntura da "aventura colonial" (Fanon, 2008, p. 33), não passaram incólumes às críticas às suas profundas implicações histórico-culturais nas malhas simbólicas, econômicas, políticas e epistemológicas do colonialismo. Produzidas, em sua maioria, em uma "situação colonial" (Balandier, 1993 [1955]) raramente problematizada por antropólogos e antropólogas da época, tais trabalhos foram vistos como contaminados por uma concepção hoje lida como colonialista do *métier* etnográfico.

A presença ambígua e problemática de antropólogos e antropólogas, tanto no trabalho de campo quanto nos textos etnográficos, porém, foi exaustivamente analisada e debatida a partir de críticas decoloniais, pós-modernas e subalternas (Caldeira, 1988, p. 134). As etnografias clássicas — produzidas majoritariamente por homens brancos europeus ou norte-americanos, além de cisgêneros, heterossexuais, de classes médias ou elites aristocráticas altamente educadas — investigavam um "Outro", em sua maioria, não ocidental, não branco, não educado formalmente e que não teria acesso a formas de conhecer, ler e muito menos controlar, de algum modo, as análises e representações etnográficas produzidas sobre si.

Como não poderia deixar de ser, o trabalho de Ana Clara, portanto, como uma modalidade das "etnografias do particular" (Abu-Lughod, 2018, p. 194), é um fruto exemplar tanto das inúmeras transformações no mundo pós-colonial na antropologia quanto de seus efeitos em uma nova forma de conceber, produzir relações em campo e praticar o ofício antropológico nos dias atuais. Sendo assim, a autora – exímia etnógrafa – esgarça, subverte e reconfigura o fazer etnográfico baseado em outras concepções, inclusive sobre a noção antropológica de "trabalho de campo". Seus inícios e fins, seus propósitos, sua duração, as formas de interlocução, retorno e retribuição, as prescrições sobre os contextos legítimos para a sua realização, suas implicações e seus deslocamentos espaço-temporais, entre várias outras questões.

Ademais, ela também reelabora crítica e reflexivamente em seu livro outras ordens de relações e parcerias em campo. Para tanto — e desenvolvendo uma *etnografia dentro de casa* —, examina afetos, estranhamentos, familiaridades, obrigações, reciprocidades, conflitos, a lógica do cuidado, distanciamentos e aproximações, quando as interlocutoras de sua etnografia compõem distintas gerações de mulheres de sua própria família. O modo, aliás, como Ana Clara analisa e problematiza os fluxos seus e de suas parentes "no mundo", em práticas migratórias para outras regiões do Brasil, e que envolveram sofridos deslocamentos e reconfigurações familiares ao longo das décadas, é um pano de fundo relevante e pungente desta obra.

O livro ainda elucida com cuidado, apuro ético e rentabilidade narrativa os dilemas éticos vividos em campo pela autora sobre a descoberta e a elaboração etnográfica de "segredos familiares", assim como as várias categorias locais provenientes de suas *parentes-interlocutoras* no que diz respeito ao envelhecimento, relações intergeracionais e periodização local do curso da vida. A partir disso, passamos a conhecer, entre outras, as *"mininas"*, as *"moças"*, as *"muiés"*, assim como as *"véias-novas"* e as *"véias-veias"*. Portanto, muito mais do que meramente "uma etnografia sobre envelhecimento e velhice", este livro apresenta com maestria a complexidade dos significados, dos meandros, das nuances e de uma certa práxis relacionados ao *"cair pra idade"*, ao *"fazer família"* e ao *"fazer antropologia"*, no sertão do Piauí.

Sem mais delongas, desejo, por fim, um proveitoso mergulho na leitura do fascinante universo etnográfico em que vivem, agem e *"caem pra idade"* as *"parentes-interlocutoras"* da autora, as quais vão se tornando cada vez mais íntimas, "familiares" e cativantes também para nós, que temos a sorte de ler esta obra. Fiquem agora com o texto de Ana Clara e com as carismáticas *bisa Rebinha*, *vó Nita* e *tia Itamar*, entre outras figuras envolventes, assim como com suas tramas, narrativas e poéticas sensíveis das temporalidades do *"cair pra idade"*, neste inspirador primeiro livro da autora.

Prof. Dr. Carlos Eduardo Henning

Professor adjunto de Antropologia no Programa de Pós-Graduação em Antropologia Social (PPGAS) da Universidade Federal de Goiás, Faculdade de Ciências Sociais

Referências

ABU-LUGHOD, Lila. A escrita contra a cultura. Tradução de Francisco Cleiton Vieira Silva do Rego & Leandro Durazzo e revisão de Luísa Valentini. *Equatorial*, Natal, v. 5, n. 8, jan./jun. 2018.

ASAD, Talal. Antropologia e o Encontro Colonial – Introdução em português ao livro Anthropology and the colonial encounter. Tradução de Bruno Reinhardt. *ILHA*, Santa Catarina, v. 19, n. 2, p. 313-327, dez. 2017.

BALANDIER, George [1955]. A noção de situação colonial. Tradução de Nicolás Nyimi Campanário e revisão de Paula Montero. *Cadernos de Campo*, n. 3, 1993.

CALDEIRA, Teresa. A presença do autor e a pós-modernidade em antropologia. *Novos Estudos*, n. 21, jul. 1988.

WAGNER, Roy [1975]. *A Invenção da Cultura*. São Paulo: Cosac Naify, 2010.

SUMÁRIO

INTRODUÇÃO 19

CAPÍTULO I
DO FAZER-FAMÍLIA AO FAZER-ANTROPOLOGIA: DILEMAS TEÓRICOS E METODOLÓGICOS 31

O Desembarque..31

O embarque.. 36

"Se um interlocutor oferecer um café em campo, você aceita!".................... 42

Produzindo uma Antropóloga (e uma *tomadora de conta*) em Campo: o *tomar de conta e o costume*.. 47

CAPÍTULO II
"VÉIA-NOVA" E "VÉIA-VÉIA": ANALISANDO CATEGORIAS E CLASSIFICAÇÕES ASSOCIADAS AO "CAIR PARA A IDADE" EM CANTO DO BURITI-PI 59

"Envelhecimento" 59

O "futuro" pertence a quem "chega lá"..................................... 65

Véia-véia e as véia-nova.. 72

CAPÍTULO III
"VOCÊ FICA FALANDO COMO SE NÃO FOSSE DA FAMÍLIA!": RECRIANDO PAISAGENS NARRATIVAS DA *ORIGEM* E DO *MUNDO* 79

Filha-mulher 79

"Espiar" e "ajudar": estratégias metodológicas para uma pesquisa com parentes...82

Os "segredos de família"... 91

CAPÍTULO IV
"FAMÍLIA É COISA QUE RENDE!": UMA ANÁLISE DO CURSO DE VIDA DA AVÓ ANITA 101

Lembranças de Canto do Buriti e a capacidade de *criar* 101

Casa do Pé do Morro.. 108

A Casa Lá de Baixo 110

Essa Casa Aqui.. 119

Narrativas de violência, narrativas de *vida* 123

CAPÍTULO V

"EU ME SINTO TÃO SÓ": TIA ITAMAR E SEUS DESLOCAMENTOS ENTRE *ORIGEM* E *MUNDO* 127

A luta e o trabalho: concepções acerca do ser *menina* 127

A *moça*, o boato, a ida para o *mundo* 132

São Paulo: a vida no *mundo* 137

Fechando o campo? 144

NOTAS FINAIS DE UM CAMPO PARA ALÉM DO CAMPO 153

REFERÊNCIAS 161

INTRODUÇÃO

O começo, se é que assim posso delimitar, foi quando decidi ir para Canto do Buriti – PI no momento da submissão do projeto de pesquisa para o PPGAS (Programa de Pós-Graduação em Antropologia Social) da Universidade Federal de Goiás (UFG) ainda em 2017. No projeto de pesquisa levei em consideração um local para o campo em que eu não precisasse de uma bolsa para ficar e arcar com os gastos, pois vivíamos em um contexto aonde o corte das bolsas de pós-graduação era um cenário real. No fim da graduação (2017), eu estava vivendo o final do governo Temer e acompanhando o início do governo Bolsonaro.

Em seguida, no primeiro ano do mestrado consegui uma bolsa, mas ainda assim resolvi ir para Canto do Buriti-Pi, onde estava localizada a casa da minha avó materna, Anita[1]. O campo ocorreu durante três meses, mais especificamente durante meados de março ao meio de junho de 2019. Eis que no final de 2019 e início de 2020 explode o que pesquisadores e cientistas têm apontado como a maior pandemia do século XXI. Pessoas tem morrido em todo mundo em decorrência da covid-19 (direta e indiretamente) e o grupo considerado como "de risco" é composto principalmente por pessoas "da terceira idade", "idosos" ou o que em Canto do Buriti-PI nominam como os *véis*[2], *véias* e pessoas *de idade*[3].

É nesse sentido que o contexto histórico influencia diretamente no processo, produção e escrita desse livro. Os *véis* se inserem contemporaneamente num contexto em que estão sendo acometidas pelo que o que Carlos Henning (2020) denomina enquanto "gerontocídio". São pessoas que estão sendo delegadas à morte e se encontram em meio a disputas de narrativas que envolvem uma reconfiguração das ideias que delimitam e caracterizam os sujeitos velhos. A partir do presente livro será possível vislumbrar que esses corpos vão muito além dos noticiários. São pessoas

---

[1] Os nomes das minhas parentes não foram trocados. Ou melhor, o nome pelo qual minhas parentes eram costumeiramente nominadas. A minha avó Nita (Anita) se chama na verdade Maria Eni da Silva Sousa (que virou Nita). Rebinha, minha bisavó materna, na verdade se chama Josefa Maria da Conceição. A decisão foi tomada levando em consideração que minhas parentes não queriam que seus nomes fossem ocultados no texto. Quanto as não parentes, seus nomes são fictícios.

[2] Todas as palavras em itálico são categorias êmicas.

[3] As categorias relacionadas ao curso da vida (*véias, veias-novas, véias-véias, menina, minino, muié, home*) serão trabalhadas no capítulo II.

compostas por histórias, vontades, sonhos. São pessoas em vida. Sendo uma etnografia escrita e atravessada por esse contexto, ela me mobiliza mais uma vez com outras inquietações. Ela é escrita sobre e com minhas parentes ou que aqui intitulei de parentes-interlocutoras[4]. Era com elas que as conversas emergiam nas varandas de Canto do Buriti e também para além das varandas (já que o campo não teve necessariamente um fim, pois os diálogos, reflexões, análises e as relações de parentesco iam para além do campo e eram contínuas).

Por isso, a região onde está localizada a área que é compreendida como Canto do Buriti surgiu com a ascenção e exploração da borracha. Após a chegada de algumas famílias oriundas de São João do Piauí, o local virou o intitulado povoado de Guaribas. Apenas em 1915 o povoado ganhou *status* de município e foi nominado como Vila Canto do Buriti. Com o declínio da produção da borracha, o município perdeu autonomia e voltou a ser território de São João do Piauí. Apenas em 1938 a região conquistou autonomia e foi elevada novamente ao *status* de cidade com o nome de Canto do Buriti e assim permaneceu. Atualmente, a economia gira em torno da agricultura de cana-de-açúcar, milho, melão, manga, apicultura e comércios locais. Canto do Buriti fica localizada no sudeste piauiense e tem como bioma a caatinga. De acordo com o último censo, a cidade tinha 20.020 habitantes, sendo que apenas 8,8 % da população possuía alguma ocupação formal (um total de 1.854 pessoas).[5]

Nesse sentido, fazer pesquisa com minhas parentes foi, em um primeiro momento, não perceber que as mesmas poderiam ser sujeitas passíveis de serem pesquisadas. Foi apenas após essa constatação que as dúvidas, questionamentos e incômodos surgiram acerca de como a etnografia nesses termos poderia ser realizada e conduzida. Isso porque dúvidas éticas surgiam a partir do momento que resolvi enxergar minhas parentes como interlocutoras. Essa constante experiência em fazer uma pesquisa com elas resvalou em fazer uma etnografia voltada também para a aproximação e não necessariamente pelo distanciamento e acirramento das diferenças.

---

[4] A pesquisa está integrada ao projeto de pesquisa guarda-chuva do professor Carlos Eduardo Henning intitulado "Por uma Antropologia do Curso da Vida: transformações na velhice, gênero, sexualidade e a assunção dos 'idosos LGBT'" a qual já foi aprovada no Conselho de Ética da UFG. Ressalto também que todas minhas parentes e interlocutoras estavam cientes e foram comunicadas sistematicamente de que eu estava realizando uma pesquisa, sabiam que textos seriam escritos e publicados sobre elas.

[5] Dados do Censo 2010. Disponível em: https://cidades.ibge.gov.br/brasil/pi/canto-do-buriti/panorama. Acesso em: 10 jul. 2020.

A aproximação, descobri, era capaz de fazer com que de certa forma, eu que vivia *no mundo*[6], me visse ao final da pesquisa como parte daquelas pessoas e daquele grupo. Assim, a pesquisa é consituída em dois movimentos contíguos, fazer pesquisa enquanto eu fazia família e vice-versa. Esse processo de pesquisa pode ser entendido nos termos colocados por Carsten (2014), que aponta o parentesco como espaço em que as pessoas constroem parte do seu "material imaginativo". Ela indica também como o parentesco é relacionado com o tempo, sendo feito, refeito, construído e sendo constituinte de tantas outras coisas (no presente caso, um livro).

Concomitantemente, a pesquisa se desenrolava entre o *mundo* e a *origem*[7]. O último é circunscrito em oposição e em relação ao *mundo*, sendo a *origem* definida então como Canto do Buriti e o *mundo* como todo o restante. As "famílias origem-mundo", como chamo, são as famílias que surgiram em decorrência do processo migratório que ocorreu no marco narrativo da minha família, a partir de 1970, em direção a São Paulo, tendo como motivo o que minha avó Anita nomina de a "grande seca de 70". Antes disso, havia migrações esporádicas dos homens (como meu falecido avô materno Luis) para localidades próximas para executar serviços para latifundiários, mas sempre visando um retorno para a *origem*.

Nesse grande fluxo, homens e mulheres que, à época, tinham entre 12 a 20 anos, iam para esse *mundo* mais distante, novo e incerto virar mão de obra assalariada. As mulheres trabalhando majoritariamente como empregadas domésticas (como minha tia-avó Itamar, minha mãe Analice e minhas tias maternas) e os homens como serventes e pedreiros na construção civil (como meu tio Luizinho e tio Reginaldo). Com o crescimento da família na capital paulista, as famílias formadas no *mundo* acabaram adquirindo a *"vida da correria"*[8] apesar de terem na *origem* uma *"vida parada"*. Elas agenciavam esses dois espaços a partir de múltiplos trânsitos.

Existem poucas famílias efetivamente de *origem* na cidade, pois a migração passou a ser parte constituinte das famílias de Canto do Buriti.

---

[6] Tudo que não é Canto do Buriti era nominado enquanto o *mundo*, mas era categoria atrelada principalmente a São Paulo e Brasília.

[7] *Origem* é sempre utilizado para se referir a Canto do Buriti. É aquilo que não é *mundo*.

[8] Um vida da *correria* é compreendida como composta principalmente pela capacidade das pessoas em se adaptarem as grandes metrópoles e lá conseguir viver. Nessa vida ficava incluída a capacidade de se adaptar ao transporte público, aos grandes deslocamentos diários, ao pouco sono, as longas jornadas de trabalho.

Por mais que uma família seja de *origem* ela possui algum parente[9] no *mundo*. Entretanto, há considerável número de famílias que com o fluxo migratório dos anos 1970 acabaram perdendo as *origens* e estão "soltas no mundo", como apontava minha avó Anita. Ocorria, então, uma constante manutenção por parte das pessoas da *origem* para que as famílias não perdessem as *origens* e os *costumes da origem*. O *costume* em Canto do Buriti é um fenômeno ligado ao saber-fazer (Foucault, 1972) e saber-viver em determinado lugar, mas também o de saber se *acostumar* com os *costumes* da *origem* e a se *desacostumar* com outros *costumes* do *mundo* e também o contrário. Havia coisas que apenas o costume com/em São Paulo poderia dar, assim como ocorria em Canto do Buriti. O *costume* como uma categoria local, ao mesmo tempo é algo que se aprende, adquire, mas que também se perde.

Essas famílias possuíam o que denominavam de *ponte*. A *ponte* (como se autointitulava tia Itamar) era a pessoa que ficou entre o *mundo* e a *origem*. As primeiras *pontes* datavam em Canto do Buriti da migração dos anos 1970 e eram as responsáveis por abrigar em suas casas no *mundo* os parentes que chegavam à capital paulista, ao mesmo tempo em que voltavam de tempos em tempos para a cidade, e nesse fluxo agenciavam significados de desenvolvimento, modernidade, atraso, individualidade, sexualidade (Velho, 2012).

As *pontes* funcionam como agentes responsáveis por levar e trazer informações de um universo de classe popular urbano para camadas populares do interior. Além das remessas de dinheiro, presentes, comidas e roupas que as *pontes* enviam, passam a contribuir com a aposentadoria conquistada e com cuidados de outras ordens depois de *caírem pra idade*[10] e fixarem residência em Canto do Buriti. As *véias* geralmente no cuidado com parentes mais jovens ou muito mais velhos, como no caso da minha tia Itamar para com minha bisavó Rebinha. Já os *véis* passavam a cuidar da roça ou abriam algum comércio pequeno.

Essas famílias *origem-mundo* faziam parte do projeto de expansão econômica e capitalista do país que visava também uma nova configuração e reordenação do espaço urbano e rural (Sarti, 1994). O ato de migrar para uma periferia de São Paulo resvalava também na expectativa

---

[9] "Parente" nesse contexto é a nominação dada as pessoas que descendiam de um mesmo antepassado em comum (Augé, 1978, p. 1).

[10] *Cair pra idade* era como as *véias* nominavam o que poderíamos entender como "envelhecer". Esse processo será mais bem elaborado no capítulo II.

de "melhorar de vida" que estava atrelado intimamente à condição de pessoa migrante. Tanto as *pontes* que voltavam para *ficar de vez* em Canto do Buriti, terminando seu processo de migração que durou mais de 40 anos, quando as novas gerações de *pontes*, passam a ser lidas como sujeitos biviários morais e moralizantes de todo o universo social em Canto do Buriti. Essas famílias, como a minha, não devem ser tomadas como formadas entre a dicotomia fácil entre o lá e o cá, mas como famílias que possuem um processo e formam suas relações de parentesco através de um estar-em-fluxo (Lobo, 2018).

Se em meados dos anos 1960 os estudos rurais (Corrêa, 1995) tiveram considerável importância para a consolidação da antropologia, esse foi um cenário que mudou consideravelmente com a urbanização, industrialização e o movimento político que visava uma nova configuração territorial no país. Dessa forma, creio que o presente livro, em algum sentido, possibilita que se aprofunde o debate sobre o fazer antropológico no Brasil entre o "mato" e o "asfalto", como aponta Mariza Corrêa (2011, p. 209). O que está em cena neste livro é como essa família (a minha) organiza suas vidas entre esses dois contextos e como a partir disso narravam suas experiências organizando um mundo poroso, onde o rural e o urbano se retroalimentam em suas relações recíprocas e a presença passava a ser construída de múltiplas formas (Benjamin, 1985). As histórias da minha família são de trânsitos, assim como as narrativas e as temporalidades desse livro.

Dito isso, o estudo do parentesco (Malinowski, 1930; Kroeber, 1937; Lévi-Strauss, 1978) é importantíssimo para o estudo da família, não sendo, entretanto, coisas que se confundem. O "estudo da família é o estudo daquele grupo social concreto e o estudo do parentesco é o estudo dessa estrutura formal, abstratamente constituída, que permeia esse grupo social concreto, mas que vai além dele" (Sarti, 1992, p. 70). Como Andréa Lobo (2010, p. 135) ressalta na sua pesquisa realizada na ilha de Boa Vista, em Cabo Verde, o parentesco é parte integrante dos estudos da família onde as relações de proximidade em que ocorrem as trocas realizadas cotidianamente são constituintes e essenciais "para que as relações entre parentes de sangue sejam construídas". Entretanto, se as expectativas nas relações de trocas são quebradas, as relações de parentesco podem ser "esvaziadas" tornando-se apenas "memória". Há um processo nas famílias *origem-mundo* em criar estratégias para que mesmo em fluxo as relações de parentesco e familiares não sejam esvaziadas.

Creio que as discussões aqui realizadas servem para pensar tanto os estudos localizados na família quanto no parentesco. O presente livro se calça em temáticas que são correlatas, intrínsecas, conectadas e que pertencerem a múltiplos diálogos. Os estudos do curso de vida também são centrais para a presente etnografia, assim como as discussões sobre posicionalidade, fazer antropológico e geração. Concomitantemente, é um texto atravessado por temáticas que juntas criam um livro multitemático.

Doravante, o livro se dedica à análise de em que medida a relação de parentesco constituí relação familiar e de como as pessoas conseguiam administrar seus vínculos, filiações, trocas e constituir uma *família forte* e *unida* mesmo em fluxo. O mesmo tem como foco famílias de classe popular de contexto interiorano que forneciam modelos e dinâmicas alternativas ao do "modelo ideal" patriarcal burguês (Fonseca, 2000). Como a pesquisa procura investigar como as pessoas administraram seu curso de vida, será possível suscitar como esse processo de migração da década de 1970 produziu uma nova configuração e dinâmica familiar.

Tendo em conta essa nova forma de organização familiar, é imprescindível considerar que tais fluxos são multidirecionais (Lobo, 2014). As circulações e trocas dentro da família não eram apenas do rural para o urbano, mas entre casas, bairros, municípios, estradas e estados. Ao mesmo tempo, essas dinâmicas de trocas multidimensionais permeam as diferentes fases do curso da vida das pessoas migrantes e não migrantes, dos que foram para o *mundo* (tia Itamar) e dos que ficaram na *origem* (vó Anita). A coesão familiar "depende, portanto, da força dos mecanismos para solucionar os riscos de uma estrutura que valoriza o movimento. Nesse contexto, o pressuposto de que os familiares têm que viver fisicamente juntos dá lugar a outra ideia de família" (Lobo, 2014, p. 8).

A ênfase da etnografia inside também sobre experiências das pessoas migrantes, fenômeno que neste livro é compreendido a partir da perspectiva das mulheres (avó Anita, tia Itamar, minha mãe Ana). Da migração não como processo de partida e chegada, mas como constituída a partir dos movimentos que incorporavam vivências, coisas, trajetos, pessoas e reflexões ao seu fluxo migratório que também era um fluxo de vida. Nessa perspectiva, as novas tecnologias de comunicação, como o WhatsApp[11],

---

[11] WhatsApp é um aplicativo multiplataforma de mensagens instantâneas e chamadas de voz para smartphones criado no ano de 2009 e extremamente popular no Brasil e entre meus parentes ao longo de minha pesquisa de campo. Atualmente o WhatsApp é de propriedade do Facebook, uma das maiores redes sociais do mundo. Além de mensagens de texto, os usuários podem enviar imagens, vídeos e documentos em PDF, além de fazer ligações grátis por meio de uma conexão com a internet.

produziam novas formas de coesão social na família (Bongianino, 2012). É possível compreender então a criação de novos territórios virtuais (Dornelles, 2004) que atuavam na sociabilidade da família *origem-mundo*, pois nesses espaços é criado um cotidiano familiar virtual, sendo as malhas e redes técnicas utilizadas para manutenção dos vínculos de uma família *unida e forte*. Além disso, o território virtual também ajuda a regular o território da *origem*. O espaço virtual era por onde essas famílias sabiam sobre as casas da *origem*, as terras, os bichos, os parentes, os "boatos", entre tantas outras coisas.

A prática migratória em contextos nordestinos podia ser vista entre as famílias camponesas enquanto migração pré-matrimonial do filho, a do chefe de família e a migração definitiva (Woortmann, 1990) onde os homens surgiam como os protagonistas migrantes. Entretanto, as narrativas de Canto do Buriti contam de um fluxo migratório onde as mulheres foram as primeiras *pontes* e só posteriormente levaram os homens para o *mundo*. Esses diferentes arranjos migratórios incorrem em uma carreira migratória por parte das pessoas que organizam a família, a divisão do trabalho e o núcleo doméstico com a migração.

E é justamente a migração como um processo de saber-fazer (Foucault, 1972) que acabava introduzindo inovações para a comunidade por meio de quem participa dessa migração, ao mesmo tempo em que balança os moldes tradicionais de saber-fazer relacionados ao *costumes* em Canto do Buriti. Tia Itamar, como a primeira migrante de família para o *mundo*, foi capaz de introduzir inovações ao grupo de parentesco e paralelamente reforçar tradições locais (da *origem*) que também foram levadas para o contexto urbano e lá tensionadas. Esse processo gerou, inclusive, a primeira parente formada em uma universidade pública (a que vos escreve). Gerou também tia Itamar, uma mulher que não teve filhos.[12]

É sob essa perspectiva que o campesinato migrante dissolve por intermédio das suas experiências a dicotomia rural-urbano. Paralelamente também poderia fazer com que as pessoas campesinas em algumas circunstâncias rompessem de vez com o grupo de parentesco (Woortmann, 1983). E não há nisso contradição. Entretanto, como Igor Kopytoff, (2012, p. 236) afirmou, "o mundo é um lugar perigoso quando a pessoa não está ligada ao grupo de parentesco" e por isso as relações de migração da *ponte*

---

[12] Os desdobramentos dessa decisão em relação a não maternidade dela, assim como a ausência de um marido, será trabalhada e discutida no Capítulo V.

são dadas em consonância com a mudança da relação das novas gerações para com a terra, o roçado, a família e a crescente expansão industrial localizada principalmente no Sul e Sudeste do país.

A migração para o sul configura uma busca por melhores condições de vida, mas atrelada à possibilidade de realizar alguma acumulação que auxiliaria nos processos de troca para com toda a família que ficou no contexto rural (Garcia, 1989). A decisão de migrar pode ser tomada por pessoas que tentavam escapar de situações extremas, preconceitos, de guerra, conflitos, mas geralmente é uma decisão tomada em conjunto com o grupo de parentesco. A migração pode ser apresentada, então, como um projeto familiar ordenado pelo parentesco, gênero e geração (Assis, 2007). É a rede de relações que, em alguns casos, decide quem pode migrar, quem deve migrar, para onde, sob qual circunstância e tempo. Digo em alguns casos, pois há casos em que o migrante efetua a migração com o propósito de espapar dessa mesma rede de relações e parentesco.

Se por um lado a família pode ser lida como uma parentela de duas gerações que agem de forma coordenada sob a chefia de um indivíduo (DaMatta, 1987), ela também pode ser entendida como constituidora de um valor moral que é estabelecido de acordo com regras de reciprocidades e obrigações estabelecidas dentro do grupo (Mauss, 1974). As famílias não podem ser compreendidas como organismos que funcionam em plena harmonia, pelo contrário. Devem ser pensadas como configurações complexas (Bilac, 2006) onde dimensões do gênero, sexualidade, trabalho, valores, poder, geração, conflitos, escolaridade e assimetrias coexistem no mesmo fenômeno.

E impossível falar em uma história una da família brasileira, pois seria incorrer na marginalização de outras organizações familiares (Corrêa, 1982). A família no Brasil, dependendo do contexto pesquisado, pode por vezes apontar uma estrutura voltada para o individualismo, como podia ser visto nas camadas médias e altas (Velho, 1987), e em outras circunstâncias uma estrutura mais hierarquizada e holista (Duarte, 1986). A família pode ser compreendida então como uma "fábrica de subjetividades" (Machado, 2001, p. 17) onde esses sistemas acabam operando na contemporaneidade brasileira apresentando uma especificidade de famílias plurais que escapam ao "mundo ocidental central".

Dentre essas parentes-interlocutoras, meu recorte estava localizado principalmente entre as *véias*. Mais especificamente minha avó materna

Anita, que nasceu em 1946, e sua irmã, Itamar, nascida em 1956. À época da etnografia, a primeira estava com 73 anos e a segunda com 63 anos. Se a vida em família é tomada como uma "fábrica de subjetividades", foi possível vislumbrar a minha transformação em como conduzir a pesquisa, já que eu não considerava minhas parentes, interlocutoras. Elas seriam minha entrada em campo, não seriam o campo. Isso me direcionava a repensar alguns posicionamentos, aprender a conduzir os conflitos e a pensar como os mesmos conflitos geravam outros posicionamentos e debates éticos. Esses, eram componentes da própria vida entre parentes. Isso resvala na discussão do primeiro capítulo que será guiado por minha entrada em campo e os dilemas teóricos, metodológicos e pessoais que estavam imbricados em pesquisar com/sobre parentes.

No segundo capítulo, o foco recai na análise das categorias do curso de vida em Canto do Buriti. Como *meninas* virara *moças*, em seguida *muiés,* e por fim *véias-novas* e *véias-véias* que *caíram para a idade* e viram pessoas *de idade*. Será possível compreender as categorias e classificações êmicas associadas ao "envelhecimento". Dessa forma, a etnografia entre essas *véias* parentes-interlocutoras era pautada também pelo resgate. Resgate no sentido de também voltar para uma casa, para as *origens*. A partir do meu corpo e posicionamento entre as parentes era possível criar tensões e perguntas. Era possível questionar a ordem vigente, afinal, eu era uma *moça* que não tinha filhos, não tinha namorado e com esses acirramentos criados por intermédio do meu corpo e da minha não inclusão nas expectativas do curso de vida local, respostas também apareciam. Isso se estende em uma discussão de posicionalidade em campo e nas minhas constantes reflexões no texto sobre a ética de pesquisa para com minha família.

Pesquisar o parentesco sempre foi tema da antropologia, mas quando passamos a pensar a nossa própria família e nossas relações de parentesco como passível de interesse antropológico, ainda se trabalha em um contexto um pouco nublado. A nossa família é o espaço de dentro de casa, do privado, dos segredos, do que não levamos para a rua e devemos manter resguardado da espiação pública, onde o "ser" ou "estar" dentro do próprio grupo de parentesco têm consequencias específicas para uma pesquisa (Gomes; Menezes, 2008). Essa será a discussão do terceiro capítulo. Entre mostrar e esconder, acabei remexendo em "segredos" que parte da família veio a saber por causa da pesquisa que eu executava. A paisagem narrativa da família foi reconfigurada.

Descobri em campo que há um espaço não apenas físico, mas também imagético, chamado varanda. A varanda é o espaço de transição entre a rua e a casa do qual falava DaMatta (1997). Os espaços são potentes para pensar as relações sociais. É na varanda que mensuramos o que vai ser levado de um espaço para o outro. Eram nas varandas de Canto do Buriti que as conversas eram travadas, que os diários de campo eram escritos, que eu acompanhava o que ocorria tanto dentro de casa quanto na rua. Era um espaço que me ajudava a pensar nas implicações da transição entre o privado e público, se o privado (a minha família) poderia virar público e aonde eu me encaixava entre esses dois espaço.

Eu também possuía uma reflexão um pouco mais incômoda que tomava conta do meu fazer: o quanto eu estava me expondo e expondo minhas parentes? O quão eu me vulnerabilizava e as vulnerabilizava? O que posso dizer no momento é que esse embate atravessa minha escrita. Apesar de me vulnerabilizar em alguns momentos no texto, procuro apreender o próprio processo de pesquisa, fazer e escrever como instantes constantes de vulnerabilizar-se em relação ao mundo. Em suma, viver e etnografar consiste em estar vulnerável. Eu busco apresentar ao longo de todos capítulos minha postura ética em relação a intenção de não comprometer minhas parentes com a divulgação de determinados dados.

O quarto e quinto capítulo se unem e complementam. Em certo momento, achei que os dois seriam escritos juntos, mas percebi que a ordem da escrita não seguia necessariamente a da vida. Foi preciso contar as histórias em separado. No quarto capítulo, analiso minha avó Anita e como foi viver toda sua vida em Canto do Buriti. Como foi lá nascer, casar, ter quatro *filhas-mulher*[13] e quatro *filhos-homem*, ver o marido falecer, *cair pra idade* e então assistir suas *filhas-mulheres* tendo que *tomar de conta*. Por outro lado, examino como tia Itamar, irmã mais nova da avó Anita que ainda *moça* foi para o *mundo*, não casou, tampouco teve filhos, e voltou para sua *origem* após a aposentadoria. É com esse cenário que pude comparar como *caíram para idade* e viraram pessoas *de idade* de maneiras distintas.

Tomar de conta é um fenômeno que envolve múltiplas questões, disputa de poder, ao mesmo tempo que trabalha para a construção e

---

[13] As categorias *filha-mulher* e *filho-homem* são formas locais de distinguir a prole que nasceu com uma vagina ou um pênis. A partir disso, elas são capazes de gerar diferentes responsabilidades e expectativas sociais. Vale ressaltar que estamos falando de um contexto de pesquisa extremamente heteronormativo onde concepções particulares de diferença sexual ainda são consideradas elementos centrais para ligar vagina à filha-mulher e pênis ao filho-homem.

manutenção da hierarquia entre os sujeitos envolvidos nesse processo. De um lado um sujeito que *toma de conta* e do outro o que é *tomado de conta*. Quem *toma de conta* passa a ser encarregado de policiar, cuidar, tomar decisões, em suma, ele impacta na agência do sujeito de quem *toma de conta*. Já quem é *tomado de conta* muitas vezes se sente perdendo autonomia, capacidade de executar as decisões que pensa ser aceitável para a própria vida e com isso parte da agência (que passa a ser competência de quem *toma de conta*). O *tomar* é então, literal, pois o *tomado de conta* pode resistir ao processo de perder parte da própria agência e com isso criar estratégias (como a birra) para resistir ao *tomar de conta*. E é onde o *tomador de conta*, a partir de estratégias que perpassam a vida em família, tenta limitar a agência do *tomado de conta* com argumentos como: "ele não tem mais juízo", "ela não dá mais conta de si", "ela precisa de alguém que *tome de conta*" e assim legitimar o seu *tomar de conta*.

Considerando então o *tomar de conta*, as relações de poder e posicionamento em campo, ressalto a importância que os debates antropológicos dos anos 1980 sobre a crise representacional nas etnografias tiveram para a construção do presente livro. Pois são as ideias envoltas em histórias de família que me povoam e inspiram. Mais à frente, haverá algumas das minhas histórias que passei a chamar de *lembranças*. As *lembranças* são tomadas aqui enquanto categorias êmicas, pois minhas parente-interlocutoras não falavam em memória ou memorar. As *lembranças* eram encaradas como possuidoras também de certa agência (eles poderiam escapar se não fossem *lembradas* com certa frequência). Ao mesmo tempo, elas eram parte essencial da vida de mulheres que não possuíam o domínio da escrita e tinham um mundo regido pela oralidade. As *lembranças* eram utilizadas para organizar o tempo, o *mundo*, a *origem*, a vida. Elas contavam as mesmas *lembranças* como estratégia de não esquecer (pois os episódios marcantes da vida ficavam fixados nessas *lembranças*). Não por acaso, tive como principais interlocutoras minha avó materna Anita, tia Itamar e Rosilda (Rosa). Rosa foi uma amiga que tia Itamar me apresentou em campo. Ela, como tia Itamar, foi para o *mundo* ainda *moça* e voltou para Canto do Buriti após sua aposentadoria.

Por isso, considero que a interseccionalidade é utilizada no presente livro como um "dispositivo heurístico" (Collins; Bilge, 2016, p. 31) acionado não apenas por mim para fazer análises, tentar compreender o mundo pesquisado (que também é o meu mundo) ou escrever sobre ele, mas também como dispositivo utilizado por minhas parentes-interlocutoras que tinham de forma consciente os próprios processos de exclusão e opressão pelos quais viam seus corpos, vidas, histórias e *lembranças* serem atravessados.

Ademais, esse movimento de fazer pesquisa e escrever com parentes poderia ser tomado com o que Conceição Evaristo (2006) intitulou de "escrevivência" (p. 11). Conceito aqui utilizado como metodologia para estar entre parentes ao longo do campo e em seguida escrever sobre os mesmos. Em "Becos da Memória", a autora apontou para pequenos encontros com pessoas-personagens que estavam em meio ao que autora intitulou de desfavelamento. E esse processo era constituído pela tentativa de entender o mundo em diálogo com o que vive e o que imaginou. Ela então afirma que a vida de forma inexplicável continuava a correr como um rio em meio a todo e qualquer acontecimento. A vida é a matéria falante que Conceição colocava a sua frente e acabava mostrando uma faceta amarga da existência por meio da sua "escrevivência". Sua escrita advinha de tudo que a compunha como ser, como ancestralidade, como gesto de vida.

Ela me ensinou, por fim, que escrever e viver são experiências indissociáveis. Foi em meio a essa minha "escrevivência" que esse livro está atravessado por corpos de parentes, seus cursos de vida, suas *lembranças*, seus e meus afetos, nossos conflitos, nossos caminhos e descaminhos. A etnografia com parentes eclodiu como um fazer velhas-novas histórias e contá-las em conjunto. É possível colocar que quando se conta em conjunto, com diversos retornos, é possível fazer uma etnografia com mais mãos, mais polifônica. Além disso, foi um processo de reconhecer que eu não precisava efetuar uma reconciliação com a escrita ou com o processo de contar, pois os incômodos da escrita eram incômodos que cortavam a vida, nossa existência e a pesquisa (com parentes).

Capítulo I

DO FAZER-FAMÍLIA AO FAZER-ANTROPOLOGIA: DILEMAS TEÓRICOS E METODOLÓGICOS

São estamos procurando, eu pelo menos não estou, tornar-nos nativos (em qualquer caso, eis uma palavra comprometida) ou copiá-los. Somente os românticos ou os espiões podem achar isso.
(Geertz, 1988 [1973], p. 23)

Antropólogos hoje, assim como nossos antecessores, sempre tivemos/ temos que conceber novas maneiras de pesquisar – o que alguns gostam de nominar "novos métodos etnográficos". Métodos (etnográficos) podem e serão sempre novos, mas sua natureza, derivada de quem e do que se deseja examinar, é antiga. Somos todos inventores, inovadores. A antropologia é resultado de uma permanente recombinação intelectual.
(Peirano, 2014, p. 42)

James Clifford (1986a, p. 6), entre outros, tem argumentado de modo convincente que as representações etnográficas são sempre "verdades parciais". O que precisa haver é um reconhecimento de que elas são também verdades posicionadas.
(Abu-Lughod, 2018, p. 198)

O Desembarque

Anoiteceu. Era 11 de março de 2019. Eu havia superado o calor inicial assim que chegamos em Canto do Buriti, mas já estava no meu segundo banho. Minha avó estava sentada na sua cadeira de corda vendo a novela das nove[14] enquanto fumava seu cachimbo. Na viagem de Brasília para cá ela pareceu um pouco ansiosa, mas eu não poderia dizer com certeza. Eram as primeiras 24 horas que eu passava sozinha com minha avó na minha vida. Me vesti, jantamos e ela voltou para a mesma posição. Foi

---

[14] O Sétimo Guardião é uma telenovela brasileira produzida pela Rede Globo, e exibida de 12 de novembro de 2018 a 18 de maio de 2019, em 161 capítulos e escrita por Aguinaldo Silva.

então que recebi uma ligação telefônica da minha mãe. Após ela indagar sobre como tinha sido nossa viagem, como estava a casa da minha avó, como ela estava se sentindo, veio a pergunta que eu tanto temia: "Sua avó já banhou[15]?".

Procurei calmamente responder a minha mãe, pois sabia que minha avó estava ouvindo nossa conversa, apesar de ainda olhar para a TV. "Ainda não", respondi. E nesse momento todo o conflito que eu tentava evitar emergiu: "Não acredito que mãe não tomou banho ainda! Mas não se preocupe com isso, vou ligar pra sua tia [Regina] pra ela mandar mãe tomar banho". Ressalto que no planejamento dessa viagem com minha avó eu sabia que em alguma medida eu teria que *tomar de conta*, mas eu não imaginava em quais níveis, qual intensidade e o que decorreria disso. Eu nunca tinha *tomado de conta*. O que eu sabia com toda certeza no começo da viagem era que eu ministraria a medicação da minha avó e faria as nossas refeições. Lembro fortemente de que esse foi o acordado com minha mãe.

Porém, dois dias antes da viagem, não obstante, minha mãe havia me dito: "Pode ficar tranquila que eu e Regina já falamos com mãe! Ela sabe que não é pra te dar trabalho". Percebo hoje que essa frase da minha mãe ressoava alguma concepção de controle sobre a agência do corpo da minha avó, um corpo que *caiu pra idade*. Apesar disso, o "dar trabalho" ao qual ela se referia só fez sentido para mim no final do campo, quando percebi que o *tomar de conta* da minha avó aliado com o trabalho de campo fariam com que eu chegasse em Brasília e escutasse da minha mãe: "Nossa! Você tá com uma cara de acabada, minha filha! Bom, acabou! Agora você pode descançar".

Volto mais uma vez a cena noturna do dia 11 de março de 2019. Minha mãe desligou o telefone e aguardei a próxima ligação. Era minha tia Regina, a *filha-mulher* que *tomava de conta* da minha avó em Brasília[16]. Atendi o telefone no segundo toque. Cumprimentei tia Regina e ela fez novamente a pergunta que eu receava: "Mãe banhou, Clarinha?". Mais uma vez respondi de forma sucinta: "Não, tia." Rapidamente minha tia resmungou e pediu que eu passasse o telefone para minha avó, mas indicando que eu o colocasse no viva-voz, pois assim minha avó conseguiria

---

[15] Banhar é o equivalente a ir tomar banho.

[16] Brasília aqui é compreendida como toda a área competente ao Distrito Federal – DF e também as cidades que compões seu entorno.

ouvir a conversa com o áudio em um volume maior, o que facilitaria sua comunicação. A conversa das duas se desenrolou com amigáveis risadas dos dois lados por um tempo, perguntas da minha tia sobre nossa viagem, se alguém havia ido nos visitar. Porém, acompanhei a mudança na expressão da minha avó quando a pergunta anteriormente dirigida a mim foi feita a ela: "Tomou banho, mãe?", indagou tia Regina. "Cuida da tua vida, Regina", respondeu minha avó rispidamente. A discussão foi aumentando e meu incômodo também. Foi então que minha tia disse para minha avó: "Mãe, você disse que ia tomar banho. Não dá trabalho pra Clarinha que ela tá aí para fazer o trabalho dela. A Ana [mãe da pesquisadora] sai daqui para te buscar num pé e volta no outro".

Minha avó, que possui um extenso vocabulário de xingamentos, os proferiu para minha tia e por fim disse um sonoro "Vocês não mandam em mim!". Se livrando do telefone e o dando para mim, continuei a conversa com minha tia. "Fica de olho se ela vai banhar, Clarinha. É que as vezes ela só molha o cabelo para dizer que banhou, mas não banhou. Vê se no cano sai água com sabão. Depois você diz". Nos despedimos e desliguei o telefone. Como eu conhecia minha avó pelas histórias da minha mãe e tias, e pelas poucas vezes que nos vimos em alguns dias de férias[17], sabia que nos ajustes de habitar a mesma casa poderia haver conflitos, mas não imaginei que seriam logo no primeiro momento. O tom parecia ter sido dado. Minhas preocupações eram em desenvolver minha pesquisa, não em tentar mediar conflitos, idas ao banho. Percebi que eu não tinha a menor ideia do que seria o *tomar de conta* ou o "trabalho", como colocado por minha mãe, que minha avó poderia me dar.

Pouco depois do final da novela das nove minha avó foi até seu quarto, pegou sua toalha, alguns itens de banho e foi para o banheiro. Olhei para o cano que despejava água com sabão no quintal dos fundos e de acordo com as dicas da minha tia, ela realmente tinha banhado. A água com sabão escorria abundante. Mais tarde tanto minha mãe quanto minha tia mandaram mensagens no WhatsApp perguntando se minha avó havia banhado. Confirmei para as duas que sim. Embora eu me chame Ana Clara, a Ana aqui citada, no caso, era minha mãe (filha da minha avó Anita). E a "Clarinha" — expressão íntima e carinhosa usada em minha família — é a autora que vos escreve. Já o "trabalho" em questão era o

---

[17] Mais especificamente em duas viagens de poucos dias a Canto do Buriti com minha mãe quando eu tinha 4 anos e em seguida quando eu tinha 18 anos.

realizar uma pesquisa etnográfica, em um primeiro momento, acerca do envelhecimento e temporalidades em Canto do Buriti. Entretanto, percebi que o "trabalho" seria de outras ordens. O primeiro seria o de aprender a *tomar de conta*, o segundo seria o de aprender a viver com minha avó materna que em suas palavras foi, "nascida e criada" em Canto do Buriti. Minha avó só foi para o *mundo* (Brasília) em 2017 após a família chegar a um consenso de que ela era uma pessoa *de idade* e que precisaria de alguém (tia Regina) para *tomar de conta*. Os motivos e as consequências dos deslocamentos de minha avó ficarão explícitos no capítulo IV.

Ao se sentar na cadeira de corda da sala após seu banho, minha avó percebeu que eu havia dito/confirmado (nesse caso as palavras podem ser bonitas, mas o efeito era o mesmo) para minha mãe e tia que ela não banhou após chegar de viagem. Minha avó começou a verbalizar sua irritação: "Essa casa é minha", "Ninguém manda em mim", "Eu não tô nem aí! ". Minha irritação, constrangimento, desconforto foi mais uma vez aumentando ao ponto de eu pegar o telefone, ligar novamente para a minha mãe e dizer ainda na frente da minha avó que: "Eu não sei como lidar com essa situação. Vocês querem que eu policie minha avó? Mas eu não vim aqui para isso. Eu vim fazer uma pesquisa e agora estou no meio de toda essa confusão por causa de um banho?" Minha mãe pediu para que eu me acalmasse e ao encerrar a ligação resolvi ir para um dos quartos que havia sido designado para mim para tentar descansar e me acalmar. Lembro que me peguei pensando, "como foi que eu me meti nessa situação?".

Esse primeiro dia foi para o diário de campo mobilizando uma escrita imbuída de muita irritação, chateação e confusão. Esses afetos me atravessavam por alguns motivos. Eu não queria me autoperceber como alguém que teria que controlar ou ditar para outra pessoa o que ela deveria fazer. Ao mesmo tempo eu fui *criada*[18] em uma família no *mundo* (minha mãe, meu pai e eu). E eu não estava ativamente envolvida com os dilemas da minha família materna e muito menos com a paterna. Tudo que eu sabia sobre nossa família vinha por alguns comentários esporádicos da minha mãe. Não sabia como lidar com minha avó. Não sabia o que iria acontecer em Canto do Buriti. Eu não sabia o que iria acontecer com a pesquisa com meus parentes estando ali de alguma forma me causando tantos abalos em um único dia.

---

[18] Essa categoria será mais bem analisada e destrinchada ao longo do livro, mas sobre *criar* ver também Mayblin (2010), Texeira (2014), Alves (2016).

Fazer parte de um grupo de parentesco que existia apenas em telefonemas esporádicos era uma coisa, ser jogada dentro do grupo de parentes e passar a ser considerada uma pessoa com demandas, responsabilidades e direitos para com o grupo (e minha avó) era outra totalmente diferente. Eu nominava de parente, inicialmente, toda pessoa que possuía alguma relação consanguínea para comigo, foi assim que aprendi a nominar com minha mãe. A pesquisa de campo matizou completamente a forma como o parentesco era efetivamente feito para além de uma estrutura formal, mas como uma forma de fazer e construir relações a partir de necessidades de trocas e relações cotidianas que envolviam palavras, afetos, substâncias, controles, comidas, coisas e saudades (Strathern, 1995).

Nesses momentos de conflito algumas vezes minha avó conseguia resistir as prescrições e passar até três dias sem tomar banho, já em outros momentos ela acabava cedendo. Todas as envolvidas nesse processo pareciam saber como e quando ceder às pressões que eram exercidas e as vontades que eram eventualmente suprimidas. Minha avó em um momento em que ficou sabendo que minha bisavó Rebinha, sua mãe, se recusava a comer durante nossa estadia em Canto do Buriti afirmou: "Rebinha não pode ser bruta assim. Tem que saber conviver. Não dá pra fazer só as vontades dela senão vai acabar só". Essa frase me dizia muito sobre como minha avó também refletia sobre sua relação com suas *filhas-mulher* (minha mãe, tias e consequentemente para comigo).

No seu ponto de vista era preciso saber "conviver" mesmo em meio aos conflitos, mas também fazer um cálculo para que não se tornasse uma pessoa *bruta*, pois isso poderia incorrer em um afastamento dos demais e em uma possível solidão. Fui cotidianamente aprendendo a *tomar de conta* e fazer os cálculos dessa demanda referente a minha avó que me eram estranhos antes da pesquisa. Considerando, como levantei anteriormente, que convivi muito pouco com minha avó ao longo da minha vida, o campo foi atravessado por um momento de familiarização mútua entre nós. Foi literalmente uma familiarização em diversos níveis que tornou possível o desenvolvimento de todo o texto que está aqui contido neste livro, ela também propiciou que relações de parentesco fossem sendo feitas e refeitas.

O embarque

Inicialmente eu ficaria sozinha na casa da minha avó, mas meses antes de eu ir à campo, no primeiro semestre de 2019, sua casa havia sido arrombada e muitos itens roubados. Com o peso da insegurança acerca de não ser conhecida na cidade e vivendo sozinha em uma casa (e isso, obviamente, se associa de modo íntimo ao fato de eu ser mulher), surgiu a ideia em conjunto com minha mãe e minha tia Regina de que eu levasse minha avó comigo para "passar um tempo na casa dela" enquanto eu pesquisava sobre "envelhecimento". Minha avó já estava há quatro anos em Brasília (entre idas e voltas), mas em que momento minha avó também virou parte da minha pesquisa? Bom, isso também ficará para um segundo momento.

Longe de Canto do Buriti, da minha avó e lembrando desse primeiro dia em campo, algumas questões apareceram no momento de escrever. Devo confessar que minha escrita em relação ao meu campo ficou travada por um bom tempo e nem tenho plena consciência — se é que alguma vez temos — se ela está efetivamente destravada no momento. Essa trava ocorreu pelo medo de deixar claro que episódios como o descrito no início desse capítulo, que ocorreram durante o campo, emergissem. Porque eu sentia medo de apontar que fazer pesquisa com minhas parentes era uma relação potencialmente também conflituosa? Afinal, quais são as cenas elegíveis para entrar em uma etnografia? Não quero com isso colocar que o conflito era parte integrante apenas do meu campo, mas que ele emergia como parte do mesmo, justamente por eu estar entre parentes.

Pensando agora, me parece que eu tinha medo de pesquisar minhas parentes, mas não apenas pesquisar. Eu tinha medo de falar delas, pois falar delas era também falar de mim. E falar de mim em alguma medida não estava nos meus planos. Bom, a antropóloga ao construir uma narrativa é parte integrante da narração que elabora, mas ela também era a paisagem que narrava? Afinal, a antropóloga fala de si ao narrar sobre o "Outro", mas havia uma diferença que creio que o campo entre parentes em algum sentido ajudou a redefinir.

O artista plástico José Leonilson começou em 1990 a gravar, em fitas cassete, um diário íntimo. A ideia dele era registrar suas memórias e lembranças atreladas ao seu trabalho como artista. Seu cotidiano é abalado e transformado narrativamente ao descobrir ser portador do HIV. Assim,

"A Paixão De JL"[19] virou um documentário que nos brinda intimamente com o retrato de uma vida atravessada por sofrimentos, amores, paixões, descobertas, religiosidade, enfim, sobre a potente tentativa de continuar existindo. Em uma dessas fitas ele afirma após ver "Paris, Texas[20]: "Os meninos bonitos são o lugar que eu estou procurando, mas, como no filme, eles passam apenas como uma paisagem linda no meu caminho". Enquanto ele narra, temos imagens do deserto passando e nos fazendo questionar a paisagem presente, as pessoas que passam, como ele também que observa há de passar pela, por e com a paisagem.

Essa frase dita por ele fazia sentido para que eu pudesse pensar o processo de narrar em uma etnografia. Voltamos aos nossos diários de campo e vislumbramos tudo que deixamos lá, tudo que construímos narrativamente. Somos então observadoras de uma paisagem narrativa e escrevemos a partir e com ela. Lembramos com ela, somos mobilizados por ela. Fazemos dessa experiência nosso texto. Mas lembrem que eu fui para o campo com minha parente (avó), estava em campo entre minhas parentes (avó, tia-avó, tio-avô, primas, primos), saí do campo voltando com elas (minha avó e tia Itamar) e meu campo não estava encerrado (morava com minha mãe, convivia com minha avó, tias, primos). Construir uma narrativa era me colocar no centro na paisagem narrativa. Em algum sentido, eu me fundia e confundia com a própria narrativa que contava. Dái os desdobramentos reflexivos desse movimento.

Geralmente delegamos as reclamações, incongruências, eventos que nos escapam aos nossos diários de campo (as vezes os higienizamos também), pois estamos em busca de recorrências e não de incongruências. O que seria dos "Argonautas do Pacífico Ocidental" se Malinowski (1971 [1922]) não conseguisse celucidar uma ideia de unidade textual? Se ele não tivesse usado um eu lírico onipresente e quase onisciente? Eis que surgiu o *Um diário no Sentido Estrito do Termo*, de Malinowski (1997 [1967]), que foi publicado após sua morte por sua então viúva e também antropóloga. Ali, somos guiados por um outro tipo de fascinação. Somos expostos a um pesquisador que tem saudade de casa, possui acessos de raiva, que escreve para dar ordem ao mundo ao seu redor, demonstrou sua

---

[19] "A paixão de JL" contou com a direção de Carlos Nader, que também foi o roteirista. O filme foi lançado mundialmente em 3 de dezembro de 2015.

[20] Paris, Texas é um filme franco-germânico de 1984, do gênero drama, dirigido por Wim Wenders. O roteiro é de L. M. Kit Carson e Sam Shepard; os temas musicais foram compostos por Ry Cooder e a direção de fotografia é de Robby Muller.

ambição, também comunicou seus preconceitos da forma mais explícita e aterradora possível. Mas isso não era digno da etnografia.

Quando lemos o primeiro texto (Malinowski, 1971 [1922]) somos expostos a descrições que chegam a ser sensoriais, sentimos a luz do sol, o cheiro do mar, nos afastamos lentamente da nossa casa até entrarmos nas Ilhas Trobriandesas. Então conhecemos, de algum modo, os trobriandeses, o Kula, somos tomadas pela narrativa. Estamos saindo de casa, indo para longe, para o outro lado do oceano, para o desconhecido. Essa é a imagem que (ainda) habita nossa cabeça nos primeiros anos de socialização dentro da antropologia.

Recordo de um dia de festejo de Santo Expedito, em Canto do Buriti, em que fui com tia Itamar em uma paróquia próxima ao bairro da minha avó. Ali, uma amiga sua a questionou acerca de quem eu era. Tia Itamar então afirmou que eu era sua sobrinha e também "Neta da Nita!". Sua amiga então sorriu e afirmou: "Ah, então tá voltando para as origens, né!?". Essa amiga da minha tia me fez vislumbrar que, apesar de tanto viver no *mundo* e em constantes mudanças espaciais, eu possuía uma *origem*. Um lugar com parentes, com aqueles que em algum sentido são considerados "de perto", de "dentro de casa" e que com esses há conflitos abertos e expectativas de trocas reguladas pelo parentesco. Só que as trocas que eu estebelecia em campo não estavam dentro, no sentido estrito do termo, do que era esperado de um pesquisador clássico. E isso ocorria justamente por eu ser da família.

A intenção, entretanto, não é colocar as duas obras de Malinowski citadas acima lado a lado, rivalizá-las e afirmar que uma é mais verdadeira que a outra. Ou afirmar que todas as pesquisas contemporaneamente ainda são à lá Malinowski. São distintos estilos de escrita, formas de pensar etnografia, são ficções persuasivas (Strathern, 2013). Duas reduções ou formas de dar sentido etnográfico ao "caos do mundo" atravessados por profundas transformações antropológicas entre as décadas que as separam. Debates pós-coloniais/decoloniais, debates pós-modernos, os estudos subalternos, os estudos culturais, o surgimento das antropologias feministas e de gênero e sexualidade, debates antirracistas, assim como da antropologia do curso da vida tensionam o meu trabalho de maneiras historicamente particulares. Nesse sentido, Strathern (2013, p. 174) é cirúrgica ao colocar que:

> Preparar uma descrição requer estratégias literárias específicas, a construção de uma ficção persuasiva: uma monografia

> deve configurar-se de modo a transmitir novas composições de ideias. Isso se torna uma questão de sua própria composição interna, da organização da análise, da sequência em que o leitor é apresentado aos conceitos, da forma como as categorias são justapostas ou os dualismo revertidos. Enfrentar esse problema é enfrentar o arranjo do texto. Assim, se um autor escolhe, digamos, um estilo "científico" ou "literário", isso indica de que tipo de ficção se trata; não se pode escolher escapar completamente à ficção.

De todo modo, minha intenção é outra. Pensar o lugar do diário de campo, do conflito e da diferença dentro dos nossos textos. Pensar todas as questões anteriores é voltar a mobilizar a discussão de escrita e posicionalidade. Friccionar a posição da ficcionalidade na produção de uma "nativa". Em campo escutamos, observamos, fazemos anotações, redigimos nosso diário de campo, em seguida analisamos nossos dados e enfim escrevemos e reescrevemos um texto quantas vezes forem necessárias (ou, é claro, até quando o prazo permitir).

Nisso, as ficções são construídas a partir de múltiplos instrumentos e momentos, ao mesmo tempo que administram o mundo e também fazem esse mesmo mundo. É preciso falar então do instrumento que me ajudava a dar alguma ordem ao universo pesquisado. Esse é um dos clássicos instrumentos de pesquisa utilizado em campo: o diário de campo. Era nele que me apegava para colocar o mundo dos conflitos, descobertas sobre a família, sobre meu recorte de pesquisa e tema em um, até certo ponto, plano congelado. Geertz (2008 [1973], p. 19) chamava a atenção que a "prática etnográfica" está cunhada justamente na "descrição densa", essa última, o objeto da etnografia. Nessa acepção, pude me apegar às descrições dos meus diários de campo e quanto ao que aqui seria escrito (principalmente ao que vim a descobrir sobre minha família) e ter um consolo em suas palavras de que o dado etnográfico é a "construção das construções de outras pessoas" e que o etnógrafo tem o papel de "primeiro apreender e depois apresentar" em um plano discursivo.

No entanto, são inúmeros os processos de obliteração do conflito e das inconstâncias que fazemos dentro dos nossos textos. Mesmo após toda a crítica representacional e os debates sobre autoridade etnográfica a partir dos anos 1980 na antropologia, ainda são constantes os apagamentos que fazemos de nós mesmos dentro dos textos que escrevemos. Esse debate está longe de ser superado, principalmente quando é o "nativo" a falar, escrever e narrar.

Lembro agora de um amigo que cursava doutorado em um prestigioso curso de antropologia aqui no Brasil e publicou em uma rede social: "Quando eu morrer, queimem meus diários de campo!" Ele, obviamente, havia lido os diários de campo de Malinowski, mas a minha posicionalidade em campo tornava esse movimento um pouco difícil. Eu era a neta, a filha, a sobrinha, mas também era a pesquisadora e a fotógrafa.

As pesquisas antropológicas mais clássicas eram feitas longe, com o diferente, com o "Outro", com aquele cujo caráter "exótico" contrastaria radicalmente com o "Eu" narrador, mas quando comecei a realizá-la com parentes, foram essas questões que irromperam. Eu estava fazendo literalmente uma antropologia "dentro de casa"? Uma antropologia em/na "família"? Se sim, que questões poderiam ser levantadas, repensadas, tensionadas ou até mesmo subvertidas em termos dos conceitos que cunhamos para o fazer etnográfico? Como se mobilizam, nesse caso, os debates sobre a autoridade etnográfica? Onde fica a alteridade? Como se reconfiguraria o debate sobre a relação entre estranhamento do "familiar" e o "tornar familiar o que é estranho" de que tanto falava Gilberto Velho (1978)? Onde fica o limite da ética do que é compartilhado e publicado em um texto de alguém que é parte do grupo?

Eu estava fazendo o caminho inverso ao qual as antropólogas, em termos gerais, são socializados tradicionalmente a fazer. Não estava indo para fora, entava voltando para dentro de casa. Da mesma forma que minha tia Itamar esteve fora no *mundo* (São Paulo) e estava voltando para a *origem* (Canto do Buriti), "para dentro". Assim como minha avó afirmava para toda família que se viesse a morrer no *mundo* (Brasília), fora da sua casa, fazia questão de que sua vontade fosse cumprida e seu corpo fosse enterrado na *origem* (em Canto do Buriti).

Além disso, quando falo "de dentro", não me refiro aqui no sentido de uma Antropologia feita nacionalmente. Minha experiência em campo, de certa forma, subvertia relações de centro e periferia, inclusive dentro da antropologia. Como Luena Pereira (2020, p. 8) coloca, quem foram historicamente os "Outros" da antropologia feita no e do Brasil? Quem é esse "Nós" antropólogos?

> Então se a antropologia é feita por um "nós" que estuda o "outro" brasileiro, qual seria o lugar dos brasileiros negros, indígenas e camponeses que eventualmente se tornam pesquisadores e estudam universos nos quais eles próprios têm proximidade ou pertencimento? Ou, dito de um outro modo,

em que nível epistêmico se situa à chamada "alteridade" que torna possível ser feita a antropologia no e do Brasil? Dito de forma mais provocativa, "Nós quem, cara pálida?".

Como Felipe Sotto (2016) salienta, se o conhecimento e os métodos antropológicos foram ancorados nesse "Outro" objetificado e no acirramento de distâncias, a dinâmica muda quando o "Outro" resolve falar sobre si. E nisso, "nós, que fomos outrora somente objetos de pesquisas, estamos também lendo o que tem sido produzido sobre nós, estamos interessados em acompanhar esse processo e queremos falar sobre nós mesmos, inclusive de dentro da antropologia" (p. 15). E quando falamos sobre "Nós", estamos ao mesmo tempo criando outros "Nós" dentro da antropologia brasileira.

Queimar meus diários de campo e, com isso, todos os conflitos em campo com minha família, seria também queimar as histórias de família que passei a conhecer e a produzir em processo. Então ao escrever sobre elas, eu acabava também tendo que contar histórias que diziam respeito a mim. Não havia, como percebi, uma forma de me retirar do texto. Era necessário deixar-me ser "afetada" (Saada, 2005, p. 155) não apenas em termos emocionais pelo campo (que ao meu ver é um caminho indissociável entre viver, estar no mundo e fazer pesquisa), mas também no que diz respeito à escrita do meu próprio texto, minha forma de pensar o campo com parentes e as conexões e diálogos com teorias antropológicas contemporâneas.

Em outros momentos eu me encontrava "superafetada" com a sobreposição dos papéis que assumi em campo. Esses, acabavam resvalando em transformações em termos etnográficos, mas também em mudanças radicais sobre minhas concepções de parentesco. Essas mudanças vieram com as transformações narrativas que eu causava na minha família ao descobrir "segredos". Esses momentos de "superafetação" em campo poderiam ser lidos como um processo de abrir marcas na minha forma de ver a vida, assim como na dos meus parentes. Como no dia em campo que falei para minha mãe que minha avó tinha dito que meu avô não era um "santo". No mesmo instante minha mãe disse, "não quero saber desse assunto". Após o campo físico em Canto do Buriti e em uma discussão nossa eu retomei o tópico para argumentar a favor da minha avó Nita e ela afirmou categoricamente que eu não tinha o "direito" de ter dito isso para ela, pois eu tinha de alguma forma "manchando" a imagem do meu falecido avô. O que significa ser uma antropóloga que manchava histórias e *origens*?

Depois dessa conversa, minha mãe chorou, e eu percebi que tinha constuído uma outra narrativa aquela inicialmente fixada sobre a vida do meu avô, com detalhes que vim a saber com o trabalho de campo. Nesse processo acabei contribuindo de forma inesperada para uma reconfiguração narrativa acerca de alguns familiares. Acabei magoando minha mãe e me magoando em processo. As fronteiras da pesquisa estavam borradas. Talvez, pelo menos em termos absolutos, em meu campo, elas nunca existiram verdadeiramente.

Em outros momentos eu precisava me retirar das discussões e me proteger dessa "superafetação", pois eu comecei a sofrer com as confusões causadas pela pesquisa, pois eu via meu campo tomando contornos que eu não sabia guiar, administrar, controlar. Em outros momentos, não havia afetação e tampouco "superafetação", pois era apenas um churrasco com toda família em um domingo. Nesses momentos de domingo em família eu pensava que a vida tinha dessas coisas (confusões, recriação de novas narrativas para a família, confitos), mas eu sabia que, por conseguinte, nem todo o campo tinha. Nem todos os campos precisavam lidar com essa mesma configuração de pesquisa, processos, dilemas e fronteiras, como os que eu enfrentava.

"Se um interlocutor oferecer um café em campo, você aceita!"

Negar o café era negar a relação, era decidir não "trocar" com o interlocutor. Recordo que essa frase em negrito acima, junto com outros ensinamentos acerca de uma etiqueta de como fazer trabalho de campo, foi transmitida ainda durante a graduação e ao longo do mestrado. Ela tinha muito a dizer sobre como concebemos e somos ensinadas a entender nossa relação em campo com nossas interlocutoras, mas não me preparava para a pesquisa que realizei, pois se aplicada a não parentes ela fazia todo o sentido em campo. Já entre as parentes-interlocutoras as negociações eram outras.

O pesquisado pode ser o "Outro", o que não conheço, o que não me é próximo, o que "está lá" e, principalmente, o que não faz parte do meu grupo. É aquele que tenta "conhecer" e "traduzir". Mas e quando a relação de parentesco é também a relação de interlocução? Parte do nosso papel enquanto antropólogas é estabelecer relações, dialogar com pessoas, experienciar até certo ponto concepções que nos são, em alguma medida, próximas ou estranhas. Porém, quando a antropóloga já tem relações de parentesco em campo ela pode falar; "Não gosto desse café, vó". As implicações éticas de pesquisa e metodológicas tecem complexidades específicas.

Contemporaneamente, uma das formas politicamente mais adequadas de chamar as pessoas com quem pesquisamos indica isso: interlocutora. A interlocutora é aquela com quem dialogamos, trocamos, conversamos. Interlocutoras não são "objetos", são sujeitos com os quais podemos interagir — desafiando hierarquias historicamente dadas na antropologia clássica — com algum grau de simetria. A pesquisa de campo é feita, então, em um movimento cíclico de trocas contínuas por um determinado período de tempo com um grupo que não conhecemos e que é, por vezes, muito diferente das nossas *origens*. Há também a ideia de aceitar o que nossas interlocutoras nos oferecem. Quando chegamos em campo, nem todas escolhem ou concordam em conversar conosco, mas algumas pessoas se aproximam, e por algum tipo de afinidade, interesse, afeto, acabam resolvendo ficar e falar. A antropologia é feita por quem — dos dois lados — aceita trocar.

Minha família não tinha a opção de me ignorar, pois eu estava dentro das relações de parentesco e de expectativas de trocas e reciprocidades imediatas. Entendo, no momento, que eles sabiam disso com mais nitidez do que eu. Tanto minha mãe, quanto minhas tias, achavam que minha posição em *tomar de conta* da minha avó enquanto em campo eu estivesse era como uma obrigação quase que explícita. Como deixei transparecer em outras passagens, esse não era um cálculo óbvio para mim. O parentesco num certo sentido alinhava uma proximidade, mas ele também não fazia com que estranhamentos deixassem de ser percebidos.

Existiram outras discussões, conflitos e brigas com minha avó, minha mãe e tia Itamar ainda em campo, mas em nenhum momento elas deixaram de falar comigo, de serem as principais interlocutoras, e isso também fez com que a etnografia fosse possível. Foram os conflitos e discordâncias de opiniões que criaram também a pesquisa. Apesar dos pesares e todos imbróglios, elas não foram embora, não deixaram de dialogar comigo. A proximidade com que o parentesco fazia a vida em família, operava e ajudava a criar laços de obrigação e reciprocidade para toda uma vida que acarretava em uma proxidade imediata, forjava determinadas lógicas de pesquisa e relacionalidades familiares em campo as quais eu não estava habituada tendo sido criada no *mundo*. Foi o grupo, as parentes, as de dentro, as do lado de cá, de dentro de casa e as próximas ao "Self" que produziram a possibilidade de que uma pesquisa antropológica ocorresse.

Felizmente as relações de parentesco seguiram mais fortes que nunca graças também à pesquisa, pois além de passar a conhecê-las enquanto antropóloga pude também conhecê-las enquanto alguém que fazia parte daquele grupo, por mais que nunca houvesse convivido fisicamente com ele. Isso era resultado de uma família nuclear que foi para o *mundo*. "Ir para o mundo" era como tia Itamar e minha avó se referiam a migração dos membros da família nos anos 1960/1970, principalmente para São Paulo. As mulheres que migraram trabalhavam na maior parte das vezes como empregadas domésticas e os homens como trabalhadores da construção civil. Minha tia Itamar foi a primeira da família a ir para o *mundo* e lá acomodou muitos parentes nesse novo *mundo* que lá ela construía. Como me disse tia Itamar em uma das muitas conversas que tivemos na varanda da sua casa em Canto do Buriti: "Eu fui a ponte!". Ela foi a *ponte* que mudou toda a paisagem e forma da família se organizar entre *origem* e *mundo*.

Talvez minhas parentes não pudessem fechar a porta na minha cara enquanto antropóloga, pois o parentesco criava relações de direitos, obrigações e reciprocidades. Ao negar dialogar comigo (enquanto neta, filha, sobrinha e pesquisadora) estariam também negando nossa relação, nosso parentesco, nossas potenciais trocas futuras. Não só em relação a mim, mas em relação a outros membros imediatos da minha família a mim relacionados, meu pai, minha mãe, futuros filhos etc. Foi o parentesco que acabou contribuindo para a produção da minha "ficção persuasiva" sobre o que foi vivido. Entretanto, como já deixei explícito, eu e minha família acabamos virando a pesquisa, muito embora essa não fosse minha intenção inicial.

Quando ainda desenhava a ida a campo eu havia excluído minha família como interlocutora de antemão. Tia Itamar, que havia voltado para Canto do Buriti e tinha mais de 60 anos era a minha entrada em campo. No meu plano primeiro ela me apresentaria a outras *véias* na cidade, às ruas da cidade, aos meus parentes que nunca conheci. Minha família inicialmente se resumia a ser a porta de entrada para outras conexões, famílias e relações. Com os primeiros dias em campo percebi que não poderia me ausentar muito do espaço doméstico e esses são os desdobramentos de alguém que não sabia ainda fazer o cálculo das demandas que envolviam o *tomar de conta*. O *tomar de conta* inescapavelmente impactaria e reverberaria, muito mais do que eu imaginava, nas configurações e possibilidades do meu campo.

Além disso, me tornei uma das "responsáveis" pelo "policiamento" e o controle/disciplinamento da minha avó, de certa maneira. O que ao mesmo tempo também me propiciava inesperadamente indícios, para minha análise de certos dilemas e problemáticas do *cair pra idade* naquela cidade. Isso, por exemplo, entremeado aos fluxos de idas e vindas da minha avó e do restante dos nossos parentes entre a *origem* e o *mundo*, entre desejos de ampla autonomia da minha avó (e depois, em outros termos, da minha bisavó) e as interferências da minha mãe, tia e a minha mesmo. Inadvertidamente eu, em campo junto à minha família, abri espaço para analisar e compreender dinâmicas etnográficas.

As visitas de outros parentes e conhecidos da minha avó eram intensas nas primeiras semanas. Minha avó era a anfitriã, mas eu era quem fazia o café para quem se achegava, oferecia algum lanche, preenchia o vazio quando o assunto parecia acabar, *tomava de conta* da minha avó, garantia que ela tomasse banho, comesse, pegasse sol, que não ficasse no escuro do quarto nos seus dias menos auspiciosos. Antes de ir à campo eu ponderei com minha mãe a minha vontade de não levar a minha avó, o que foi lido pela mesma como uma posição "egoísta" minha não só para com minha avó, mas também para com a família. Assim, eu sabia que levar e *tomar de conta* da minha avó faria com que eu tivesse outras atribuições além da pesquisa.

Acabei então me tornando uma *tomadora de conta* inesperada e em certo sentido "obrigada" (aqui em relação à obrigação para com a família). Essa ponderação pode contribuir para refletir, a partir da perspectiva da antropóloga, sobre a posicionalidade de outras mulheres como minha tia, minha mãe e tantas outras que apesar de não estarem confortáveis ou ambicionarem um papel de *tomadora de conta*, acabam tendo que executá-lo. Isso me mobiliza e as minhas parentes-interlocutoras (e meu campo, é claro) de maneiras particulares, produzindo uma experiência etnográfica idiossincrática.

Acabei indo a campo, afinal, e o meu campo me constituiu não apenas como antropóloga, mas também como *tomadora de conta*, mesmo sem eu me dar conta disso em um primeiro momento. Meu campo reavivou, intensificou e produziu laços de parentesco. Simultaneamente, ele também forjou novos compromisso, direitos e obrigações da minha família para comigo e vice-versa. Por esse lado, eu contribuia com meus parentes enquanto *tomadora de conta* e eles retribuiam com reflexões e interlocuções para a execução da etnografia. Uma mão lavava a outra e todas faziam familia-etnografia.

Preciso falar primeiro que tipo de relação eu possuía anteriormente ao campo com essas mulheres, minhas parentes. Os estranhamentos em campo, apesar das relações de parentesco, se dão em muito níveis. Quando pesquisamos também somos questionadas e colocadas na roda. Não obstante, por serem parte da minha família materna, minhas parentes faziam isso constantemente comigo em campo. Elas eram também as mesmas mulheres responsáveis por trocas de palavras, afetos, comidas, ideias, cenas e por sermos do "mesmo sangue". Essa relação entre parente-interlocutora se apresenta muito mais como uma relação biviária e porosa (em relação a parente-pesquisadora), do que dividida e acirrada. E por isso outros dilemas éticos são levantados também para além da relação parentes-pesquisadora.

Minha avó e tia Itamar estavam distantes de mim fisicamente, como já pincelei anteriormente. Nessas relações, mesmo distantes, existia uma obrigatoriedade de que sempre que minha mãe estivesse ao telefone com elas eu tomasse a "benção" da minha avó e perguntasse como a mesma estava. Depois dessas duas colocações eu nada mais tinha a dizer e geralmente me despedia. Eu não sabia quem era minha avó, não havia intimidade, o que falar, apenas uma espécie de ato compulsório regido pelos laços de parentesco e pela vontade da minha mãe. Nesse sentido, minha avó me era estranha (e eu, certamente, imagino que era vista com alguma estranheza também por minha avó) em muitos níveis, mas quem é tão de perto ao ponto de nunca ser estranhado?

Concomitantemente, nossa ida para Canto do Buriti foi guiada por um constante ajuste de tentar (re)conhecer uma a outra, saber com que tom falar, como perguntar, como não discutir. Aprendi também que a pesquisa com parentes-interlocutoras tornava a máxima do: "Se um interlocutor oferecer um café em campo você aceita", algo flexível. Eu poderia aceitar um café, mas ao mesmo tempo colocar leite, pois eu havia feito a compra da casa aquela semana. Ou poderia ser eu a que faria o café e a que o ofereceria a outras pessoas. Eu também poderia não aceitar café nenhum e perguntar a tia Itamar se eu poderia fazer um suco com as goiabas que peguei no quintal da minha avó. Tia Itamar poderia, como veio a fazer, me contar que não gostava de suco goiaba e mesmo assim me acompanhar em uma conversa na varanda. A administração do café se mostrava bem mais flexível no meu campo...

Produzindo uma Antropóloga (e uma *tomadora de conta*) em Campo: *o tomar de conta e o costume*

Retornemos um pouco à ideia de *tomar de conta* que já apresentei na Introdução. Ainda em 2016 uma das netas da minha avó foi até Canto do Buriti convencê-la a vir para Brasília fazer um tratamento médico, mas apenas em 2017 que uma de suas filhas mais velhas, minha mãe, vivendo em Brasília, recebeu uma ligação de uma vizinha de minha avó, que afirmou: "Vocês [filhos e filhas] precisam *tomar de conta* dela [Anita, minha avó]". Com esse alerta e apenas um telefonema, minha mãe descobriu que a casa da minha avó estava sendo frequentada por pessoas "estranhas". Ela ligou para uma tia em São Paulo, que ligou para outra tia, a qual comunicou meu tio e logo todos e todas estavam sabendo do telefonema e de seu conteúdo em pouco tempo.

Descobriram que minha avó estava "magra", que não cozinhava mais para si, que não tinha mais dinheiro no banco, que sua aposentadoria estava "sendo roubada por sabe Deus quem", que fizeram um empréstimo no nome da minha avó, que a casa estava "imunda", que ela estava "bebendo muito" e algumas vizinhas chegaram a contar que "Anita tava passando fome". Foi nesse momento que as *filhas-mulher* da minha avó resolveram *tomar de conta*. Mas esse *tomar de conta* exigia um cálculo que envolveria quem voltaria para *tomar de conta*, já que minha avó se recusava a sair de sua casa. Como os estudos sobre cuidado na velhice apontam em um debate sobre a "feminização do cuidado" (Almeida, 2020), os três *filhos-homens* nem ao menos entravam no cálculo dos parentes de quem poderia *assumir* minha avó.

É nesse sentido que os corpos das minhas parentes enquanto mulheres, periféricas, da classe trabalhadora, nordestinas, negras, algumas escolarizadas e outras não, heterossexuais, *véias-novas* e *véias-véias,* são constituídos por interseccionalidades específicas que fazem com que o *tomar de conta* acabe virando um modo de vida e situação quase que inescapável. Eis que a tarefa de decidir quem *tomaria de conta* da minha avó ficou entre as quatro *filhas-mulher.*

Ser uma *filha-mulher* nesse contexto inclui uma carga de direitos e deveres totalmente diferentes daquelas do *filho-homem*. O aspecto mais marcante dessa relação, entretanto, é definitivamente a expectativa do *tomar de conta* que os pais que *caíram pra idade* colocavam sobre essas *filhas-mulher*. Ademais, *tomar de conta, cair pra idade* e a *filhas-mulher* são categorias êmicas indissociáveis, além de relacionais. Juntas, criavam uma espécie de gramática do cuidado específica e local para o entrelaçamento de relações de gênero, reciprocidade, agência, envelhecimento e relações intergeracionais, questões que analiso mais adiante.

Deste modo, nas primeiras semanas de campo, além de perceber que eu ficaria muitas horas do dia restrita ao âmbito doméstico devido ao *tomar de conta,* algumas visitas chegavam à casa da minha avó sem avisar e enquanto eu ainda estava de pijama. Eu então corria para o quarto trocar de roupa. Afinal, quando as pessoas sabiam que alguém estava preparado para receber visitas em Canto do Buriti? Percebi que minha avó, ao acordar, abria a "porta dos fundos" e só depois de trocar de roupa e pentear os cabelos abria a "porta da rua". E tais nomes não eram por acaso. Quando ela não queria receber visitas cedo ela apenas abria a "porta dos fundos". Abrir a "porta da rua" significa estar disposta a dialogar, puxar papo, convidar para entrar, observar quem vai e vem (e também ser observado pelas pessoas que passavam pela rua). Sabendo disso, eu não ficava mais de pijama quando a "porta da rua" estava aberta e procurava deixá-la aberta o máximo possível durante o dia para possíveis visitas e diálogos.

Tais interações são características sobretudo de cidades pequenas e nas ponderações apontadas por DaMatta (1997, p. 8) em "A casa e a rua", onde os espaços não podem ser lidos apenas como espaços geográficos, mas também como espaços sociológicos, entidades morais, "esferas de ação social, províncias éticas dotadas de positividade, domínios culturais institucionalizados e, por causa disso, capazes de despertar emoções, reações, leis, orações, músicas e imagens esteticamente emolduradas e inspiradas". Concomitantemente, a varanda pode ser lida como espaço moral biviário e regulatório das relações entre as pessoas em algumas cidade pequenas. Levando então em consideração que muitas vezes em algumas cidades do interior brasileiro a rua pode estar, literalmente, na porta de casa, justamente pela ausência de muros, asfalto e meio-fio.

Canto do Buriti apresentava uma configuração espacial interessante. Algumas ruas tinham calçamento[21], algumas eram asfaltadas, outras eram

---

[21] Ruas feitas por pedras que se encaixavam e faziam com que a superfície tivesse mais pedra do que areia ou terra.

de areia e outras de terra. Algumas casas possuíam muro, outras não. Algumas casas com varanda, outras não. Algumas ruas tinham calçada e outras não. As configurações e arranjos poderiam ser múltiplos em uma mesma rua e comunicavam sobre os moradores que ali habitavam. As casas com muro, asfalto ou calçamento e calçada, ficavam localizadas principalmente nas áreas mais centrais da cidade. As demais, ficavam justamente nas partes mais periféricas.

A calçada, nas partes centrais, operava então como um espaço delimitador da transição entre o público e o privado, podendo ser acessada pelo morador de uma casa como espaço privado no momento em que colocava sua cadeira de corda em frente para observar os transeuntes e em outros momentos do dia por qualquer outro pedestre. Entretanto, em algumas casas de Canto do Buriti não havia uma delimitação rígida, como a calçada, que demarcava onde a rua começava e terminava. Era aí onde entravam as varandas das casas (como a da minha avó) como um espaço significativo.

Quando eu não estava dentro de casa fazendo algum serviço doméstico estava na varanda. Durante uma noite de campo em que lá me encontrava escrevendo o diário de campo ouvi duas vizinhas que estavam em pé, na esquina, dizerem uma à outra: "O que você acha que elas (duas mulheres que moravam na rua, mas na esquina oposta) fazem ali sentadas o dia inteiro? Elas ficam cuidando da vida alheia". Eu sorri ao ouvir esse comentário, pois lembrei do livro da Cláudia Fonseca (2000, p. 45) no qual ela apontava que: "Ninguém se considera fofoqueiro, mas todo mundo concorda em dizer que há fofoca constantemente na vizinhança". Embora ninguém assumisse que "cuida da vida alheia", todo mundo acabava sabendo "da vida alheia". Após essas visitas a casa da minha avó, que poderiam ser rápidas ou se alongar por toda a tarde, as palavras não se encerravam quando as visitas iam embora, pois era o momento da minha avó tecer comentários sobre a conversa recente, o que achava dos "assuntos" e nesse momento começava o nosso diálogo.

E foi em um desses momentos de varanda que percebi minha avó como uma espécie de tradutora e mediadora das nossas conversas com as visitas e parentes. Ela sabia as relações de parentesco das pessoas que nos visitavam, seus antigos desafetos, suas conquistas, como eram e como vieram a ser a partir da sua perspectiva ao longo dos seus, a época do campo, 73 anos. Assim, não há fórmulas rígidas ou engessadas para a pesquisa de campo, tampouco sabemos os caminhos e desenhos que nossas pesquisas terão, pois são as relações contextuais, instáveis e em processo ao longo do trabalho de campo que fazem nossas pesquisas. Dessa forma minha avó veio a ser parte crucial da minha etnografia.

Os dados etnográficos não existem na realidade, fora de um contexto. Eles só existem – e se posso dizer, eclodem – na relação, pois o exercício etnográfico é o artesanal processo do sentido criado no momento da relação e em suas reverberações reflexivas posteriores. Todos os "dados" etnográficos aqui existentes só ganharam sentido no momento em que percebi que meus parentes também eram minha pesquisa. Caso isso não ocorresse, outro desenho teria ocorrido e minha família viraria apenas o pano de fundo de uma pesquisa outra. Nesse sentido, a intencionalidade de que algo vire uma pesquisa é, em alguma medida, que faz com que uma investigação ocorra.

Fazer uma "etnografia de varanda" – embora, é claro, muito distinta das pesquisas "de varanda ou de gabinete" feitas por antropólogos pré-malinowskianos – em Canto do Buriti me proporcionava uma relação diferente das que eu aprendi a desenvolver em Brasília, mais especificamente na Guariroba-Ceilândia/DF durante a pesquisa de graduação. Na Guariroba era especificamente o tipo de pesquisa que eu via nas etnografias clássicas. Um grupo de mulheres que me eram desconhecidas, estranhas e que eu tentava compreender (Damásio, 2016). O "Nós/Elas" era uma barreira sentida como mais sólida, mas artificial, onde eu poderia acionar o que chamo de "modo pesquisadora". Esse "modo pesquisadora" era construído por sair da minha casa, ir até as interlocutoras e, no momento de trânsito do "aqui" para o "lá", ligar a chave de alguém que buscava categorias, ordem, recorrências e até ingenuamente alguma "verdade".

Os momentos em que as pesquisas ocorriam estavam bem delineados e separados, mas na casa da minha avó não era assim. Não havia uma chave que eu poderia ligar e desligar, por exemplo, quando estávamos comendo e quando eu estava fazendo etnografia. Não havia um limite rígido entre a hora em que eu medicava minha avó enquanto neta e um outro momento em que me atentava para como seu corpo reagiria com os mesmos medicamentos como antropóloga. Tudo acabava entrando para os diários de campo. Algumas coisas demoram a fazer sentido e é por isso que uma descrição vasta e densa nos resguarda para o momento de análise dos dados.

Por isso, é a etnografia nos parâmetros de Mariza Peirano (2014, p. 42) que melhor se aplica à antropologia feita com parentes por algumas questões. Como a autora ponderava, as definições de uma etnografia que não é dada pelas clássicas "grandes travessias" e ficavam dependendo da: "potencialidade de estranhamento, do insólito da experiência, da necessidade de examinar por que alguns eventos, vividos ou observados, nos surpreendem". É nesse sentido que a surpresa de vê-las como interlocutoras não poderia escapar ao presente texto, pois foi a surpresa a geradora das reflexões aqui presentes. Da mesma forma, era o meu recorte em campo, o "envelhecimento", que aguçava meu olhar para essas cenas específicas em campo e me ajudava a organizar o cotidiano entre minhas parentes.

Elas eram minha "pesquisa viva", dentro de casa, vinte e quatro horas por dia e sete vezes por semana. A ponderação de Geertz (2008 [1973]), entre as epígrafes que abriram esse capítulo, é matizada por outras questões. Não sendo uma "romântica" e tampouco uma "espiã" (como ele bem debate sobre toda a problemática em torno da palavra "nativa"), havia o reconhecimento de que ali, em Canto do Buriti, era onde estava a minha *origem* de acordo com meus parentes maternos. Eu, para eles, como para Geertz, era literalmente uma "nativa", no sentido de pertencente a determinado lugar. Além disso, se reconhecia também que o "sangue bom da família" (como dito por uma senhora que conhecia minha avó Anita) também corria por minhas veias. Em algum nível a afirmação de Peirano (2014) de que "é assim que nos tornamos agentes na etnografia, não apenas como investigadores, mas nativos/etnógrafos", ganha contornos específicos com a presente pesquisa.

Eu não era uma "nativa/etnógrafa" apenas por realizar uma pesquisa dentro do meu país ou com pessoas próximas, mas com o componente de alguém que possuía também o *costume* que foi passado da minha mãe para mim como, por exemplo, o de saber umedecer a *goma* para fazer o beiju ou o cuscuz. A antropologia fazia com que eu me deslocasse e me afastasse num caráter analítico. A etnografia, a teoria e a antropologia faziam com que eu me distanciasse dessa mesma família que eu tentava, ao mesmo tempo, me aproximar.

O conhecimento antropológico me provocava a operar com a constante chave de tentar me distanciar, exercitar a criação analítica de um "Outro", uma fronteira relacional de proximidades, semelhanças e diferenças. É interessante pensar em como alguns textos, como de Malinowski, ainda resguardam as bases do que uma etnografia deveria ser, mas isso incorre, em parte, em como devemos operar em campo. Pude acompanhar um imenso medo de colegas tanto da graduação quanto da pós em fazer, por exemplo, diários de campo.

Um medo de não serem "fidedignos" à realidade. Muitas vezes acabavam optanto pela utilização de gravadores e a realização de entrevistas. Todo esse processo apontava que mesmo após as críticas pós-modernas e pós-coloniais, o debate da "ficcionalidade" dos nossos textos não é e está longe de ser superado. O contraditório era que Malinowski escrevia com/a partir de diários de campo, então por que o medo do diário de campo? Percebi que o medo não era do diário de campo, mas um apego ao que seria mais "verdadeiro". É mais fácil achar o "Outro" exótico, mas e quando eu estou no meio desse "Outro"? Do que eu não quero e nem posso exotizar? Isso incorria em compreender que exotizar o "Outro" era um processo de me exotizar por tabela.

Minha mãe e tias foram sempre as "quase da família" para seus patrões, mesmo elas tendo certeza que aquelas pessoas que as chamavam de "quase" estavam longe de ter alguma semelhança para com elas. Hoje, me pergunto, seria eu uma "quase da família" (Dias, 2019) para a antropologia? Minha sensação e desconforto na academia emerge justamente pelas intersecções que atravessaram minha vida e a das minhas parentes, que nos marcam e nos fazem. Até quando seremos os "estrangeiros de dentro" (Dias, 2019)?

É na instituição de uma expectativa de distância que muitas pesquisas são feitas, na construção de um "estranho", de um "Outro" fabricado e "fictício", mas foi entre jogos de aproximação e no reconhecimento da semelhança que escrevi e compus esse livro. Há aproximações de muitos níveis, assim como de similaridades e simetrias. Há também, porém, as assimetrias que aparecerão em breve e dessas nem mesmo uma antropologia entre parentes consegue escapar. Um debate metodológico a seguir é essencial para que as potencialidades, desencontros, experiências e tomadas de decisões fiquem explícitas, pois são todos elementos que constituem essa etnografia. Os caminhos precisam vir à tona.

Tendo isso em mente, o caderno de campo ficava aberto o dia todo e enquanto conversava com minha avó e lhe fazia perguntas, algumas anotações ocorriam durante o almoço, entre uma garfada e outra. Com o passar dos dias o caderno de campo virou uma figura cotidiana em nossas conversas, assim como a presença da câmera. Eu então criava o *costume* de ficar nas varandas à tarde e pelas manhãs como uma forma de resfriar o corpo, já que dentro de casa o calor da tarde era quase insuportável, mas também aquele virou o momento de troca com todos que iam e vinham pela rua. A varanda era em espaço privilegiado de observação das transições e fluxos significativos entre a casa a rua, entre o público e o privado, entre os parentes e os não-parentes.

Aprendi com as varandas de Canto do Buriti que permanecer nesse lugar de transição mostrava que o público e o privado não estavam tão separados assim, mas que se perpassavam mais por uma porosidade do que por uma delimitação rígida. As pessoas que passavam na rua e eram mais conhecidas às vezes eram convidadas para entrar para casa, dependendo da disposição da minha avó para a conversa ou da pessoa convidada. Os parentes sempre eram chamados para entrar em casa e era quase inaceitável e ofensivo que a conversa se desenrolasse na rua. Já os desconhecidos eram mantidos, sem dúvidas, do portão para fora. Este tipo de "etnografia da varanda" me propiciava conhecer as relações de proximidade e distanciamento entre variados sujeitos em campo.

Após refletir sobre questões metodológicas e éticas, retomo aqui os trânsitos de minha avó entre Brasília e Canto do Buriti. Se em 2016 recebemos as ligações da vizinha da minha avó dizendo que alguém precisava *tomar de conta* dela, ainda em 2016 minha prima Tamires (filha da tia Regina) foi buscar minha avó dizendo que ela teria que passar em alguns médicos aqui em Brasília, caso contrário a mesma não viria. Em 2017 minha mãe voltou com minha avó para Canto do Buriti com o intuito de lá tentar viver e depois de seis meses retornou para Brasília com minha avó. Em 2018 minha tia Regina levou minha avó para ficar três meses com tia Itamar em Canto do Buriti. Findado esses três meses, minha mãe foi buscar minha avó de volta para Brasília. Em 2019 minha avó então voltou comigo.

O retorno da minha avó comigo para Canto do Buriti e a expectativa de que ao ir para lá eu a levasse não era, nesse sentido, excepcional. Era apenas o esperado de algum parente que resolvesse ir para Canto do Buriti e lá ficar por determinado tempo. As trajetórias das minhas parentes-interlocutoras não eram guiadas apenas por distintos regimes de espacialidade, mas também por diferentes reconfigurações temporais em relação a nossa *origem*. Assim como de constantes reconhecimentos do que era a *origem* e as transformações que lá ocorriam enquanto elas estavam no *mundo*. Sempre que voltavam para a *origem* encontravam novas casas construídas ou abandonadas, (re)conheciam parentes que cresceram, lidavam com os que haviam falecido. Da mesma forma, quando cheguei em Canto do Buriti com minha avó para a pesquisa, percebi que o local possuía uma outra temporalidade e formas de lidar com o cotidiano: o ritmo e a estrutura de uma cidade de 20 mil habitantes na caatinga piauense. Além disso, eles estavam *acostumados* com o ir e vir de pessoas na cidade. Eu não uma novidade, apenas fazia e seguia o fluxo de pessoas entre *origem* e *mundo*.

Minha mãe saiu muito *moça* de Canto do Buriti para São Paulo, ainda no início dos anos de 1980. Foi em São Paulo onde *criou* o *costume* da *correria*. De um ritmo de vida composto pelo frisson dos ônibus, metrôs, grandes deslocamentos diários, a morar no local de trabalho. Era uma outra temporalidade e espacialidade. Tia Itamar, entretanto, foi a primeira mulher da família a ir para São Paulo trabalhar como doméstica ainda em 1973 quando estava com 17 anos. Ela e minha mãe foram mulheres que perderam o *costume* com muitas coisas relacionadas a Canto do Buriti e aprenderam o *costume* de São Paulo. O não *costume* com Canto do Buriti fez com que minha mãe não conseguisse voltar a viver na pequena cidade e lá *tomar de conta* da minha avó.

O *costume*, como elas colocavam, estava ligado a saber-viver em determinado lugar. Tia Itamar, por exemplo, não tinha mais *o costume* de usar o fósforo para acender o fogão na casa de minha avó em Canto do Buriti. Isso porque em São Paulo seu fogão era elétrico. Já a amiga da minha tia Itamar, Rosa, por sua vez, a qual chegou em São Paulo também na década de 1970 e retornou a Canto do Buriti em 2017, me disse: "Acordo bem cedo, antes do sol, é *costume* ainda de São Paulo". Tia Itamar afirmava que: "Eu me acostumei com o calor daqui", mas ao mesmo tempo comentou: "Esqueci como faz esse bolinho frito, perdi o *costume* de muita coisa daqui [Canto do Buriti]". Já meu tio Carlindo, irmão da minha avó Anita e tia Itamar que vivia em Canto do Buriti e de lá nunca saiu para morar no *mundo*, me disse, após um dia em que fui vê-lo *aboiar*[22] seu gado que: "quem não tem *costume* [de aboiar] acha que é besteira, mas não é não". Mal sabia meu tio que aquele momento dele *tocando o gado* foi uma das cenas mais marcantes que vi na vida.

O *costume* é também fenômeno ligado ao saber (Foucault, 1972) em e de determinado lugar, mas também o de saber se *acostumar* com os

---

[22] Aboiar é conduzir o gado entoando canto plangente ou soltando brados fortes e compassados.

costumes locais e a se *desacostumar* em relação a outros. Havia coisas que apenas o *costume* com/em São Paulo poderia dar, assim como ocorria em Canto do Buriti. O dilema de tia Itamar e Rosa era regido por terem muito *moças* saído de Canto do Buriti e terem ido para São Paulo. Nisso, terem adquirido o *costume* de São Paulo, voltarem para Canto do Buriti e não terem mais o *costume* do lugar em que pretendiam viver o restante das suas vidas. Não são apenas as parentes-interlocutoras e interlocutoras que precisam entender, aprender e, eventualmente, "desaprender", mas eu também me encontrava constantemente envolvida nesses imbricações de aprendizados. Por ter sido socializada nos *costumes* de Brasília — da "cidade grande" — eu poderia desestabilizar outros *costumes* locais. Essa desestabilização se manifestava em múltiplas ocasiões e era produzida, até certo ponto, pelos deslocamentos vividos com minhas concepções e ideias "modernas demais", como dizia minha avó em um momento em que afirmei que talvez nunca viesse a me casar.

Todavia, eu cozinhava todo dia para minha avó. Procurava comprar alimentos dos produtores locais como feijão, leite, mandioca, milho, manteiga de garrafa, doce de buriti, umbu. Ao começar a descascar a mandioca, certa vez, em uma quarta-feira, pouco antes das onze horas da manhã, fui interpelada por minha avó enquanto esta passava pela cozinha: "Não é assim que descasca", me disse. Ao que respondi: "Há jeito certo de descascar mandioca?". Ela pegou a faca e disse: "Mandioca é outra coisa. Isso é macaxeira. É assim ó. A casca sai toda. É só puxar. Ela fica lisinha assim e não fica com parte dura pra cozinhar".

Eu estava "pinicando" o tubérculo, de acordo com ela. Observei de perto. Mandioca seria ainda o tubérculo que faria mal à saúde, como ela me contou mais tarde, seria a "mandioca braba". Já a "macaxeira" seria o tubérculo pronto para o consumo. Minha avó fazia uma incisão reta com a lâmina da faca na casca e puxava suavemente fazendo sair as lascas inteiras. Ela terminou de limpar três macaxeiras em menos de dois minutos. Existiam técnicas certas, em sua visão, para lidar com esses alimentos. Queimando o feijão de corda, por exemplo, o qual eu nunca havia manejado, aprendi que ele tem um cozimento muito rápido. Enquanto minha avó observava, dizia: "É assim mesmo, acontece". Eu, não tinha o *costume*. Esse aprender a fazer e passar a ter *costume*, me converteu facilmente em uma condição de "aprendiz". Ademais, não é constantemente essa a posição que a antropóloga tem em campo? A de alguém que tenta entender, compreender, para depois escrever? Tentar alcançar constantemente como a vida é feita? E também como é vivida e continuada? Aprender a ter, ou compreender o *costume*?

Esse capítulo buscou apresentar como foi construir uma etnografia quando a antropóloga é a própria paisagem que narra, em uma antropologia com aproximações e não necessariamente tendo um distanciamento profundo como prerrogativa de pesquisa. Ao "pinicar" a macaxeira eu era levada a aprender com minha avó o *costume* da *origem* ao tratar o alimento que comeríamos. Uma antropologia de aproximação está atravessada não apenas por observar, ver, escrever, distanciar e estranhar, mas apreender que nesse "Outro" imediato também está localizado o meu "Eu".

Ao mesmo tempo, elucidei alguns dilemas que envolviam o fazer etnográfico dentro minha própria família. Alguns momentos foram atravessados por conflitos ligados às relações de parentesco que fizeram com que as barreiras de autoridade em campo fossem marcadas e renegociadas. Por outro lado as dificuldades que emergiam entre família e etnografia faziam com que a minha trajetória e de toda minha família fosse redesenhada. Era fazer-família enquanto eu fazia-antropologia. Era um fazer-etnografia enquanto eu fazia-parentesco. Meu campo então me reconfigurava em múltiplas frentes. Como antropóloga, como parente, como neta, como filha, como bisneta, como sobrinha. Também fui capaz de mudar a paisagem narrativa da minha família sobre parentes vivos e mortos. Entretanto, tudo isso surgiu pelo papel de *tomadora de conta* que assumi em campo seguindo e respondendo as expectativas familiares que caiam sobre mim. Estar subjetivada dessa forma me fazia renegociar minha posição dentro da família como alguém que foi *criada* no *mundo*.

Ao sair do campo físico uma anedota (dentre tantas) passou a circular na família sobre minha estadia em campo. Em Canto do Buriti em um sábado convidei tia Itamar para almoçar comigo e minha avó. Acordei cedo, peguei a carne de porco, cortei batatas, temperei tudo e coloquei no forno para assar. O tempo da carne no forno foi passando e nada da carne ficar assada. Era perto de meio-dia e tia Itamar chegou. Depois de mais de 3 horas no forno eu desisti da carne, pois ela simplesmente não cozinhava e estava dura. Frustrada, chamei tia Itamar e minha avó para comer. Tia Itamar disse: "Tem nada não! Vamos comer assim mesmo!". Comemos (tentamos comer) a carne dura com os outros acompanhamentos que eu havia preparado. Meses após eu estar em Brasília minha mãe contava as gargalhadas uma história minha para tia Alaide (que estava em São Paulo) sobre, em suas palavras, "o dia que a Clara ficou tentando assar uma carne de porco que na verdade era de bode. Pensa, Alaide! Não ia assar nunca!". A responsável por minha mãe saber dessa história havia sido tia Itamar. Ela disse para minha mãe que me viu tentando cozinhar a carne, mas que ficou constrangida em me falar que a carne não era de porco, mas sim de bode. Saber identificar a carne era também dado pelo *costume* e, esse, tia Itamar não tinha perdido.

Mesmo entre minhas confusões na nossa *origem*, eu não era colocada como alguém que não era de lá, mas como alguém que não tinha o *costume* de lá. Com isso, o campo possibilitou que eu reconstruísse também, uma raíz. Ademais, a *origem* não era algo que estava lá para ser descoberta. Ela só existiu porque tomei minhas parentes como interlocutoras, fiz uma etnografia, passei a fazer parte (para além do sangue) daquela família. Com o campo, contruí novas memórias de parentesco, virei anetoda entre parentes, não era mais uma parente que estava apenas no *mundo*, mas uma parente que estava, nas palavras da minha tia Regina: "tentando entender Canto do Buriti".

Tive que aprender que eu também era composta por ancestralidade, por caminhos longos, por histórias que se perderam nesse mesmo caminho, por pessoas que não eram mais lembradas, por sofrimentos que eu não gostaria de ter conhecimento e lágrimas derramas por pessoas que nunca vi. Fui redesenhada em/pelo campo. Como colocou o antropólogo Greg Reck (1983) o pesquisador pode sempre tentar mascarar os rostos humanos e histórias contadas como "dados", mas o que se revela para quem está disposto a ver, são processos de transformações íntimas e acrescento, biográficas e identitárias.

No próximo capítulo abordarei de forma mais consistente as classificações associadas ao curso de vida em Canto do Buriti e como meu corpo era peça central para acionar tais categorias. Se de um lado eu me via como mulher, não era assim que eu era classificada. Ao mesmo tempo, foi preciso deslocar "envelhecimento" para *cair pra idade* para que o campo pudesse se desenrolar e que eu percebesse, por fim, que não eram necessariamente o mesmo processo.

Capítulo II

"VÉIA-NOVA" E "VÉIA-VÉIA": ANALISANDO CATEGORIAS E CLASSIFICAÇÕES ASSOCIADAS AO "CAIR PARA A IDADE" EM CANTO DO BURITI-PI

"Envelhecimento"

A casa da minha avó fica localizada no Bairro Matadouro. Em dez minutos de caminhada era possível chegar ao centro da cidade a partir da casa dela. Depois de algum tempo em campo, soube por ela que o bairro tinha esse nome pelo matadouro que ali existia, mas que havia sido fechado e transferido para um local longínquo, como outras coisas também haviam sido. A casa dela ficava na esquina dessa rua que tem como ponto de referência a "Oficina do Raimundo". Essa oficina fazia com que a rua contasse com um movimento diário de carros, caminhões, motos. Era geralmente o barulho dos carros, buzinas e homens conversando que me despertavam pelas manhãs. "Vi esse *minino* crescer", afirmava minha avó em relação ao Raimundo.

Minha avó enquanto morava naquela rua viu muita coisa a partir de sua varanda. Viu *meninas* virarem *muiés* e mães. Viu algumas casarem e se separarem. Em seguida arrumarem outro companheiro e construírem novas famílias. Viu pessoas morrerem e vigorarem apenas nas *lembranças* daqueles que ainda habitavam aquela rua. As pessoas que ficavam *véias* vislumbravam a paisagem da vida acontecer interconectada com os multiafetamentos gerados pelas relações intergeracionais. Minha avó acompanhou sua vizinha Aparecida, ainda *moça,* construir ali suas relações de vizinhança e familiar, suas alianças e desavenças.

Naquela rua, alguns vizinhos como Aparecida, faziam parte de histórias que atravessavam a vida da minha avó. Quando Aparecida se mudou para a rua, não tinha todas suas *filhas-mulher,* assim como não possuía a cicatriz que atravessava sua testa que foi decorrente de um acidente de carro que quase a matou. Da mesma forma, minha avó viu as *surras* que Aparecida levava do marido diminuírem conforme suas *filhas-mulher* que ainda eram *meninas*, virarem *muiés* e não mais aceitarem as *surras* que a mãe levava. Todas essas eram histórias que minha avó sabia e contava acerca da família de Aparecida.

Apesar de julgar algumas de minhas concepções e práticas pessoais como "modernas demais", minha avó, por intermédio de arranjos, das relações intergeracionais e da passagem do tempo, identificava em suas narrativas mudanças positivas nas estruturas de organização da família da vizinha. Tanto em termos da diminuição das *surras*, quanto nos aspectos da economia doméstica daquela casa. Apesar da renda não ter aumentado tanto na residência da Aparecida em consonância com a família, ela tinha acesso a alimentação básica como cuzcuz, arroz e feijão.

Percebi nos primeiros dias na casa da minha avó que responder as perguntas das pessoas, de que eu estava lá para "pesquisar envelhecimento", fazia com que a conversa esfriasse e as pessoas mudassem de assunto. Compreendi nas primeiras semanas de campo que "envelhecimento" não comunicava naquele contexto o que eu estava tentando entender. Não era porque duas pessoas falam a mesma língua que necessariamente estão falando a mesma coisa. Não era porque falávamos o português brasileiro que usávamos as mesmas palavras para explicar um mesmo fenômeno. Qual categoria comunicava e exprimia o que eu buscava compreender? Esse insight ocorreu em uma manhã da segunda cinzenta de março de 2019, quando acordei com um forte barulho na rua de um carro de som anunciando um show, que ocorreria no final de semana seguinte, de um aclamado artista local chamado Arcisinho dos Teclados. O locutor, após anunciar o local, horário e data do show começou a passar o trecho de uma música que Arcisinho tocaria, e nessa dizia:

> Fui no forró tava uma bagunçada danada
> E todo mundo dançando molim, molim
> O **véi** pegou uma novinha no canto
> Saiu rasgando no salão do miudim
> Com uns minutos se ouviu um cochichado
> Num agarrado o **veín** dizia assim
>
> Tu tá querendo, tá?
> Tu tá gostando, tá?

> Tu quer o **véi**, né?
> Tá doidinha, né?
> Vem pro **véi**, vem
> Tu quer o **véi**
> Porque sabe que aqui tem.

Foi nesse momento que percebi que "velhice" e "envelhecimento" não me ajudariam a comunicar muita coisa, mas percebi com os dias que o *cair pra idade, gente véia* ou *pessoas de idade* eram categorias que nomeavam localmente os fenômenos que eu queria entender. Essa música em específico povoava os meus dias em Canto do Buriti. Era incessantemente tocada para a execução dos exercícios dos *véi* do grupo "Viver na Melhor Idade", assim como nas casas e na rádio local. "Velho", "velhice" ou "envelhecimento" pareciam categorias estranhas e do *mundo*, e acabavam não abrindo margem para as conversas, que terminavam em um "ah, sim!" infrutífero. Entretanto, ao mobilizar categorias como *cair pra idade, gente véia ou pessoas de idade* as conversas fluíam e colocações como "Vixi! Tem véi demais aqui! " apareciam em abundância.

Conviver com esses *véis* e *véias* era constantemente ouvir sobre a *vida*. "Ele tá bem de vida!"; "Ela perdeu um companheiro de vida toda"; "A roça é a vida dele"; "Naquele tempo eu fiquei totalmente desanimada com a vida"; "Aí toquei minha vida sozinha"; "Toda vida ele foi assim"; "Meu medo é quando ela tiver véia e não puder refazer a vida dela". A *vida* no contexto de pessoas que se entendem como *de idade* é importante componente para ordenar o tempo. Muitos podem falar sobre a *vida*, como uma criança, mas a pessoa *de idade* carregava um tipo de direito moral narrativo de quem, como uma autoridade, podia falar sobre o que seria a *vida* com maior legitimidade.

Como Walter Benjamin (1994, p. 205) afirmou, o narrador se encontra em dois grupos distintos: do que viaja e volta com histórias para contar sobre outras terras e de quem vive em determinado local e consegue transmitir o que sabe por meio dessas experiências vividas. A narrativa em suas palavras, "é ela própria, num certo sentido, uma forma artesanal de comunicação. Ela não está interessada em transmitir o "puro em si" da coisa narrada como uma informação ou um relatório. Ela mergulha a coisa na vida do narrador para em seguida retirá-la dele". Por um lado minha tia Itamar se enquandrava na primeira categoria de narradora, a que foi para o *mundo* e tinha muito a contar sobre ele ao voltar. Já minha avó se encaixava no segundo grupo de narradora, aquela que viveu por muito tempo em um local e consegue transmitir suas experiências do ali viver.

Entre esses *véis* e *véias*, parentes-interlocutoras ou não, eu me encontrava de certa forma como alguém que se propunha a contar, analisar, dar sentido e retrabalhar essas histórias que me foram contadas, mas em forma de texto etnográfico e fotografia. Pois a arte em escutar essas mulheres e homens que nasceram, em termos gerais, na década de 1950 e 1960 era a possibilidade de vislumbrar experiências e tempos que me escapavam, assim como perceber que "contar histórias sempre foi à arte de contá-las de novo, e ela se perde quando as histórias não são mais contadas" (Benjamin, 1994, p. 205). Essas histórias eventualmente deixarão de ser contadas. Essas *lembranças*, em algum momento, deixarão de ser *lembradas* e ao ouví-las e cristalizá-las em um texto, talvez possamos contribuir com a possibilidade de que elas não sejam completamente esquecidas, mas que possam ser acessadas e, quem sabe, contadas novamente. O potencial da etnografia como documento histórico-cultural é que às vezes ela é apropriada pelas próprias populações anteriormente nela retratadas e que a partir disso apontam questões, problemas, apresentam novos caminhos e análises.

Meu principal objetivo neste capítulo, portanto, é definir como essas categorias locais de classificação possuíam sentido particulares e tendiam a definir as posições dos sujeitos dentro do curso da vida esperado. Será melhor analisado as principais categorias êmicas sobre o curso da vida e o "envelhecimento" com as quais essas *véias* com quem convivi classificavam umas às outras em Canto do Buriti. Vale ressaltar que sempre há exceções à regra, mas o que me interessa aqui é o modelo ideal do curso de vida, o prescritivo, o que as pessoas esperam que seja cumprido. Podemos então dividir as principais categorias locais relacionadas ao curso da vida em Canto do Buriti em: *minino e menina, moço e moça, homi e muié, véi/véia, véia-nova e véia-véia*. Os significados dessas categorias e as distinções entre elas seguem regras principalmente ligadas às relações de gênero, à vida reprodutiva e capacidade das pessoas de executar alguns trabalhos.

Minha posicionalidade em campo é essencial para compreender em que bases e contexto essas categorias se desenrolaram. Além da pesquisadora, em termos de localização nos sentidos locais do curso da vida, eu era uma *moça* que ainda não era *muié*, mesmo não sendo mais virgem. Percebi que a forma como elas me classificavam me ajudava a entender o que elas colocavam na balança para classificar uma pessoa dentro das relações geracionais e os pontos de transição etária entre distintos momentos da vida. O fato de que eu não ter namorado, nenhum pretendente em vista na cidade ou em Brasília e não haver "parido", faziam com que eu fosse englobada na categoria *moça*. Como as categorias trabalham em relação umas as outras, passei a perceber como eram classificadas as pessoas que não eram *moças* como eu e tampouco *véias* como minha avó.

O *minino* e a *menina* eram lidos como aqueles que em termos de carreira erótica ainda não mantinham relações sexuais, mas podiam vir a executar pequenas tarefas e favores dentro e fora de casa como guardar a louça, levar recados a alguém, ir na rua comprar algo no supermercado, varrer a casa, fazer companhia aos avós quando outros familiares precisam se ausentar. A *moça* e *moço*, por sua vez, já passaram desse estágio e começam a sair com mais frequência e sem tanta vigilância e supervisão dos adultos aos espaços públicos. Eles poderiam frequentar espaços que são costumeiramente de *homes* e *muiés* como festejos, idas à igreja, "movimentos". Esses últimos, são reuniões que ocorrem à noite e preferencialmente finais de semana com som automotivo e ingestão de bebida alcoólica. É nesse momento onde os primeiros namoros ocorrem e essas pessoas já são lidas como capazes de executar trabalhos na roça ou em algum outro serviço remunerado fora de casa. É onde se supõe que os primeiros namoros e relações sexuais ocorressem.

Em seguida, os *homi* e *muié* surgiam quando essas pessoas já eram capazes de no primeiro caso, o *homi* vir a ser "pai" e "trabalhador" e a *muié* de ser "mãe" e poder ter um "marido". A formação de uma nova família passa a ser a principal preocupação nesse momento do curso da vida e em seguida a aquisição ou construção da casa que iria abrigar a nova família. Entretanto, alguns arranjos vão sendo feitos. Até a aquisição de uma casa os filhos do casal poderiam já ter nascido. Quando isso acontecia, geralmente, o casal acabava morando na casa dos pais ou construindo uma casa no terreno desses últimos.

Posteriormente, temos os *véis* e *véias*. Esses, pertenciam a um universo de quem já passou por esses momentos anteriores, *criaram* uma família, tiveram os *filho-homens* e *filhas-mulheres* e então estão aguardando a chegada dos netos. É após o estabelecimento dos filhos e dos netos em uma nova família que as pessoas passam a se autonomear como *véis* e *véias* ou a assim serem nomeados por outros. Como ocorre com as exceções que alertei acima, uma mulher não precisa necessariamente parir e ter seus netos para ser lida como *véia*. No primeiro caso o que vai resguardar esse lugar é ter vivido os outros momentos do curso da vida até ser avó.

É nessa etapa que a pessoa que viveu essas experiências (foi *menina*, *moça*, *muié* e *véia*) vislumbra seus parentes experimentando o próprio curso de vida. Isso poderia ocorrer, por exemplo, com uma *moça* que foi mãe muito nova, e consequentemente avó muito cedo. Nesse contexto era muito comum *moças* da minha idade (25 anos) já terem casado e se separado (as vezes com filhos do primeiro casamento e em alguns casos do segundo casamento). Mulheres que em outros contextos seriam classificadas como sendo de meia-idade, em Canto do Buriti por já terem vivido esses outros aspectos da vida poderiam ser lidas como *véias-novas*. Essas, serão mais bem discutidas em seguida. Já no segundo caso é o *cair para a idade* que resguarda uma posição para todas as pessoas que seguiram um "ciclo biológico" da *vida*. Sendo assim, o *véi* e a *véia* se acoplam a uma pessoa *de idade* seja pelo cumprimento desse curso de vida (*menina, moça, muié, véia-nova* e *véia-véia*) ou por uma noção de "acúmulo da idade".

Eu vislumbrava e tentava entender como era ser uma *véia* sendo uma *moça*, ao mesmo tempo em que a partir da minha posição de *moça* eu tentava entender a minha própria condição de uma possível *muié*. Para isso, minha avó e tia Itamar me ouviam constantemente perguntar porque eu não era uma *muié* ainda ou porque não era mais *menina* ou até mesmo *véia*. Algumas vezes elas riam das minhas perguntas que pareciam ser óbvias para elas, mas que escapam a minha classificação aprendida em contexto urbano que era basicamente usando a idade como um critério legal relativamente estrito. Com o auxílio das perguntas para elas óbvias eu conseguia extrair o que era um tanto insólito para mim.

Quando cheguei em Canto do Buriti comecei a tossir muito e pretendia procurar algum médico na cidade para saber o que ocorria. Fui a farmácia e acabei comprando uma pastilha para a garganta. Dona Ângela, vizinha antiga da minha avó e já na casa do 70 anos foi nos visitar em uma tarde. Me vendo tossir sistematicamente, diagnosticou: "Sabe o que resolve essa tosse seca?", respondi que não fazia ideia, mas afirmei que estava ingerindo pastilha para a garganta adquirida na farmácia. Dona Ângela continuou: "Casca de Angico". Minha avó exclamou: "É verdade! Casca de Angico é danado pra tanta coisa. Antigamente tinha bastante no mato! Hoje que tá difícil de achar". Dona Ângela disse que infelizmente não tinha mais casca de Angico em sua casa, mas soube me indicar onde encontrar o xarope de Angico. Comprei o xarope, comecei a administrar as doses recomendadas e em uma semana minha tosse cessou.

Eram nesses processos diários em que recaia também a autoridade das minhas parentes e interlocutoras sobre mim e minha condição de *moça*, não apenas por elas serem as *véias*, mas por elas já terem vivido experiências que me escapavam. Concomitantemente, elas poderiam me ensinar a como lidar com a *vida*. E não menos importante, a como passar por essas experiências para que um dia eu também pudesse ser uma *muié* e posteriormente uma *véia*. Não quero com isso apontar que as relações eram isentas de conflitos e discordâncias, mas a hierarquia gerada pelo saber que o curso da vida em seus sentidos locais impunha nesse contexto era muito grande e eram as experiências que ali importavam e eu não tinha. Não era a leitura de um livro, uma aula sobre algum assunto de antropologia ou o acesso ao computador que interessava a essas *véias*, eram outras experiências e assuntos que eu não dominava. Me irritava constantemente saber que por vezes eu não era lida como mulher por não ter parido, mesmo já tendo lido e estudado sobre. O que importava era um certo domínio sobre a experiência e gramática vivida, não minhas reflexões e compreensões urbanas sobre gênero e sexualidade.

O "futuro" pertence a quem "chega lá"

Consequentemente, o tempo não era o único que entrava no cálculo para uma pessoa vir a ser alguém *de idade*, era necessário acompanhar também a autonominação dentro dessas categorias. Foi tia Itamar quem me introduziu e apresentou ao grupo "Viver Na Melhor Idade". Ela o frequentava algumas vezes por semana, sendo assim eu também frequentava com ela. Ele era destinado especificamente aos moradores da cidade que estavam na "terceira idade", como me contou a coordenadora do grupo.

As atividades ocorriam em um espaço cedido pela prefeitura em um antigo colégio da cidade. O grupo tinha em média 60 componentes, tendo significativa flutuação no número de pessoas que frequentavam de segunda a sexta. Essa oscilação dependia do dia da semana, do calor, de outras atividades que ocorriam na cidade e que poderiam ser mais atrativas. Poderia depender também do trabalho que algumas dessas *véias* teriam que executar para com algum neto, filho, parente ou marido. A idade das participantes variava entre 60 e 90 anos, sendo o grupo composto majoritariamente por *véias*. Ele era organizado pela prefeitura e contava com professores de educação física que executavam movimentos de alongamentos, aeróbicos, para o fortalecimentos da musculatura, dentre outros. Tudo acontecia ao som de forró. As aulas tinham duração de mais ou menos 40 minutos.

As notícias ou *assuntos* que circulavam entre essas *véias* não eram apenas as que chegavam por rádio, anúncios de carros de som, ou as que iam de boca-em-boca e porta-em-porta. As notícias também chegavam pela TV, WhatsApp e redes sociais dessas *véias* que frequentavam o referido grupo. Nesse mesmo dia eu havia visto uma postagem de um jovem, em uma rede social, afirmando — em relação as opiniões dos "idosos" sobre a reforma da previdência social — que esses últimos estariam: "Palpitando sobre um futuro que não é deles". Observando certo dia as atividades do grupo "Viver na Melhor Idade", qual foi o assunto de todas as presentes? A morte de um cantor lido como *moço* por essas *véias* e nacionalmente conhecido.

Uma *véia* do grupo, alguns dias antes da morte desse cantor, havia dito para mim que o "futuro" pertencia a quem "chega lá", independentemente da idade, e que nem todos tinham essa "sorte", como vimos com esse cantor. A "sorte" em relação a *vida* também era importante para vir a ser alguém que *caiu pra idade* e então virou uma *pessoa de idade*. A "sorte" seria um componente essencial para os acontecimentos da *vida* que são da ordem do imprevisível e que escapava ao controle das pessoas como, por exemplo, uma doença ou acidente.

Carlos Eduardo Henning (2014, p. 202) discute em sua tese como as experiências de envelhecimento e interações homoeróticas com homens de 45 a 70 anos de idade em São Paulo são essenciais para pensar como os indivíduos do seu contexto de curso de vida possuem diferentes ideias sobre um mesmo fenômeno, sendo os mais velhos aqueles que "saberiam e teriam experimentados coisas". O autor apresenta aquilo que intitula de "sensibilidades geracionais". Essas, estariam atreladas intimamente as "temporalidades" experienciadas pelos indivíduos em seu contexto político, social, histórico, identitário, afetivo e erótico. Posso assumir dessa forma que em campo operavam diferentes "sensibilidades geracionais" como a citada acima, sobre a reforma da previdência, assim como a constante preocupação que elas possuíam para com o que supunham ser a minha futura e distante maternidade.

As "sensiblidades geracionais" em relação a maternidade e casamento que estavam operando em campo eram diferentes, mas não conflitantes, pelo menos para elas, pois parecia que a maternidade me era uma situação quase que inescapável. Ao mesmo tempo, essas "sensibilidades geracionais" ajudam a organizar o mundo no seu "tempo" (sendo o tempo o agora — não apenas o que está lá na frente). É necessário então, como coloco, uma "sensibilidade intergeracional" para que consigamos organizar as nossas diferenças, percepções e fazer com que uma pesquisa entre parentes em diferentes fases do curso de vida (com todas as tensões, questões éticas e conflitos) ocorra.

Eram as diferentes "sensibilidades geracionais" e a fricção entre elas que matizavam as questões que poderiam ser naturalizadas, mas que não o eram justamente por esse encontro entre diferentes gerações. É nessa fricção geracional que muitas vezes o normal era visto como problema. Isso apontava também para como essa pesquisa seria diferente caso eu também fosse uma *véia*. Isso resvalava no meu incômodo quando elas me chamavam de *moça* apesar de eu me ler como uma mulher[23]. Pois eu não achava que seria a maternidade ou ter um marido que me levariam a essa condição, mas entre minhas parentes-interlocutoras, sim. Não estávamos então falando das mesmas coisas. Estávamos falando de sistemas de classificação diferentes. Para elas, o ser *muié* era diferente do meu ser mulher.

Elas apontavam que o sexo biológico não era a única peça que formava uma mulher ou a idenficação com o gênero feminino. Nesse sentido, eu entendi que de alguma forma elas complexificavam a minha forma de encarar a própria ideia de mulher. Os papéis desempenhados e acumulados pelas pessoas que cresciam eram o que iam dando-lhe uma condição de *menina*, a condição de *moça*, consequentemente *muié* e em seguida *véia* dentro dos sistemas etários classificatórios locais. Ali também, de certa forma, não se nascia mulher, tornava-se *muié* (Beauvoir, 1980). Entretanto, em Canto do Buriti não nascia-se mulher ou *muié*, mas primeiramente *menina*.

---

[23] Utilizo "mulher" quando me refiro a mim, pois essa grafia vem compreendida de toda minha socialização nos diálogos com gênero e sexualidade. Eu me lia como mulher, mas não era uma "muié". Eu era uma *moça*, era um corpo que potencialmente poderia vir a ser "muié", mas para isso eu teria que viver algumas experiências, na perspectiva das minhas parentes.

Como bem colocava a antropóloga Kelly Silva (2007, p. 252) a atuação do campo não ocorre apenas sobre "nossos conhecimentos antropológicos, mas também sobre nossa própria subjetividade". A minha subjetividade foi sendo alterada pouco a pouco pelo campo e por tudo aquilo que tenho refletido e incorporado as minhas próprias classificações. A partir das narrativas ouvidas e experiências vividas, esse livro foi o resultado de um exercício contínuo de escutas geradas por essas distintas "sensibilidade geracionais".

As escutas, entretanto, são também selecionadas e preteridas em relação a outras. Como viram no início do capítulo I, não havia apenas um espaço de escuta harmonioso em relação a vontade da minha avó não querer tomar seu banho diário, já que o *tomar de conta* nesse contexto não colocava apenas minha avó em uma posição de subordinação em alguns momentos em relação a mim, mas também elucidava a minha condição de subordinação em relação a minha mãe e minha tia. Por mais que minha avó possuísse um papel enquanto uma narradora privilegiada da minha pesquisa, eu tinha que assumir o papel de alguém que era responsável por gerenciar, de algum modo, a sua *vida*.

Em meio aos conflitos, minha autoridade emergia em administrar as demandas do *tomar de conta* de minha avó para que em algum nível ela me "escutasse" ou que então escutasse pelo menos minha mãe. É necessário matizar as experiências de escuta quando me encontrava enquanto sujeito que *tomava de conta* e que pesquisava. Se por um lado eu detinha um poder de decisão quanto a comida, a casa, as contas e aos banhos, por outro eu me colocava enquanto sujeito subordinado narrativamente, pois era a escuta das narrativas da minha avó e todas suas reflexões que emergiam e seriam fixadas no diário de campo no fim do dia. Debert (1994, p. 8) auxilia a pensar e analisar as transformações e a variabilidade histórico-cultural no curso da vida. Ela alerta para um conjunto de armadilhas muito comuns em estudos sobre a velhice e o ser velho. Um deles é de que o envelhecimento não é uma categoria universal, mas que devemos levar em consideração que [...] "a velhice é uma categoria socialmente produzida".

Minha avó e tia Itamar apesar de serem irmãs, nascerem no mesmo contexto e terem muitas afinidades, não *caíram pra idade* da mesma forma[24]. Seeger (1980, p. 62), que realizou pesquisa entre os Suyá, povo localizado no Mato Grosso, chegou em campo e percebeu como os velhos

---

[24] Essa discussão será apresentada no Capítulo IV e V.

Suya eram engraçados. Tanto em apresentações para o entretenimento dos demais, quanto entre eles. Ele apontou que tal percepção dos velhos não tinha sido encontrada por ele na literatura vigente até aquele momento, apesar de a literatura sempre apontar uma mudança de *status* das pessoas que ficavam velhas. Mais do que isso, era interessante como ele apontou para estarmos alertas para não tomarmos as expressões desses velhos como casos de comportamentos individuais, mas como "a expressão de sentimentos e comportamentos culturalmente definidos, adequados a determinada categoria de pessoas".

O fato da minha não maternidade e desapego as ideias de casamento não serviam apenas para apontar como eu era entendida, mas eram considerações feitas de como meus comportamentos não eram adequados ao que esperavam de um *moça* que deveria manter a ambição de ser um *muié*, mãe e esposa. As expectativas em relação a mim não faziam uma inferência apenas em termos individuiais, mas acerca de como meu posicionamento estava quebrando espectativas locais e contrariavam a ordem vigente. Essa reflexão está intimamente atrelada ao cumprimento do curso de vida que apontei acima. Ele não é visto apenas como a expressão de um caso individual ou isolado, mas de como as pessoas em Canto do Buriti idealizam o cumprimento do curso de vida vigente. Como exemplo, posso apontar para uma quase ausência de práticas ou pessoas que se lessem publicamente como homoafetivas, tamanha a força das práticas heteronormativas em relação a expectativa que recaia no curso de vida local.

Ao indagar minha tia Itamar a respeito das práticas homoeróticas na cidade, foi um dos poucos momentos em campo que fui respondida com rispidez com ela dizendo: "A gente não fala desse assunto aqui [em Canto do Buriti]. Todo mundo sabe que tem e quem são, mas a gente não fala. Eles acham que é uma vergonha ter na família". As práticas heteronormativas eram as reguladoras das regras que estabeleciam a reprodução, idealização e normatização do curso de vida na cidade, sendo a homoafetividade considerada tabu. Por conseguinte, a argumentação que Carlos Eduardo Henning (2014) faz sobre "tempo" é essencial para a discussão do presente texto, pois:

> [...] poderíamos afirmar que o desenrolar do curso da vida e a concepção mesma de envelhecimento as quais permanecem em voga em grande parte das sociedades ocidentais contemporâneas, seria também o resultado de concepções particulares e circunscritas de "temporalidade". Dessa

> forma, tais concepções temporais auxiliam a promover e sustentar determinadas características atribuídas a cada momento no curso da vida, em especial, por exemplo, nas associações da juventude com o "início da vida" e como momento propício a um amplo campo de possibilidades vindouras, e por outro lado no forte peso simbólico de finitude, limitação do campo de possibilidades sociais e proximidade da morte que tende a estar imiscuído na ideia de "velhice". (p. 76).

Se a "temporalidade" guia em parte a perspectiva ocidental de que "no início" existe um campo de possibilidades e na "velhice" a limitação e finitude aparecem no quadro da existência, Ariès (1981) ressalta que as categorias falam em um tempo de classificação da periodização da vida e são construídas de acordo com as relações demográficas, interesses políticos, econômicos e morais. Dessa forma, ele apresenta como a ideia de "juventude" foi a privilegiada ainda no século XVII. Posteriormente a "infância" no século XIX e por último a "adolescência" no século XX. Nenhuma dessas categorias são desligadas dos interesses mais amplos do seu tempo e contexto.

Pode ser prolífico fazer um pequeno adendo aos estudos do que têm sido elencado como "Antropologia da Criança". No Brasil, de acordo com Clarice Cohn (2013, p. 223), é um campo consolidado e em expansão tanto nacionalmente como internacionalmente. Uma das importantes reflexões que ela traz ainda na introdução de um artigo que busca realizar um estado da arte da Antropologia da Criança, é a atenção que os estudos no texto têm para as diferentes "concepções de infância e as noções de pessoa". Isso resvala na discussão que Antonella Tassinari (2007, p. 23) realiza, a qual faz um apanhado sobre os estudos antropológicos realizados com crianças indígenas na América do Sul. A autora afirma que ocorre um processo de "adultificação" do pensamento ocidental que não permite que vejamos as crianças como sujeitos, mas as crianças em contextos indígenas apareciam nas pesquisas como sujeitos sociais em que os grupos reconheciam nelas as "potencialidades que as permitem ocupar espaços de sujeitos plenos e produtores de sociabilidade. Ainda que todas essas concepções sejam muito estranhas para nós, acredito que tenham muito a nos ensinar".

É preciso deixar explícito que em Canto do Buriti meu principal interesse de pesquisa eram as mulheres que se autodenominam enquanto *véias*. E era importante, como bem ponderou Carlos Henning (2014, p.

75), "não tomar a associação fácil entre "velhice", "fim da vida" e "morte" como dada ou como universalmente compreendida da mesma forma". Podemos então focar em estudos que se esforcem em elencar diferentes concepções de "envelhecimento" e noções de pessoa incrustadas nesse fenômeno, ao mesmo tempo, podemos nos ater para às pluralidades sobre o "envelhecimento" em um mesmo contexto ou como pessoas de um mesmo contexto tem cursos de vida diferentes dadas as suas escolhas reprodutivas, por exemplo.

Há que se tomar cuidado para não pensar no "envelhecimento" como fenômeno universal e por isso ele se encontra nesse texto sempre entre aspas, pois com minhas parentes-interlocutoras e no meu contexto de pesquisa é uma categoria que não possuía aderência. Henning e Debert (2015, p. 13) levantaram essa questão em artigo que apresenta diferentes perspectivas e estudos nas últimas décadas no Brasil que focam principalmente a relação entre velhice e gênero elencando que a perspectiva que "tem orientado a maioria desses trabalhos é a de grupos sociais distintos se adaptam diferencialmente à experiência comum de envelhecimento e a tarefa então passa a ser a de propor explicações para as diferenças constatadas".

O intuito inicial da minha pesquisa era compreender como as mulheres com 60 anos de idade ou mais viviam em uma cidade pequena, mas essa ideia também caiu por terra. Parecia que no meu campo eu corria o risco de essencializar tanto a ideia de "envelhecer" como a de ser uma *muié* que *caiu pra idade*. Primeiro, porque não era necessariamente a idade o principal marcador de quem era *véia* e *véi*, apesar de importar, como vimos. Havia também o cumprimento do curso de vida, assim como a autoidentificação dentro das categorias aqui discutidas. Segundo, que as *véias* com quem convivi me apresentavam diferentes formas de como ser uma *véia* que *caia para idad*e e também de ser uma *muié*.

Quero apontar que apesar do curso de vida organizar as espectativas da vida das pessoas, às vezes elas, como minha tia Itamar e Rosa, escapavam à regra. Mostravam como ir para o *mundo* gerava um outro curso de vida que não era o hegemônico no contexto de *origem* e que só foi possível pela influência e presença da migração nos anos 1970 nesse contexto. Irei retomar essa discussão no capítulo IV e V. De um lado minha avó Anita que seguiu o curso de vida esperado e do outro Itamar e Rosa — e as consequentes implicações desse processo para o *cair pra idade*.

Véia-véia e as *véia-nova*

Em uma manhã de campo do mês abril de 2019 depois de eu dar o leite quente da minha avó e antes dos seis comprimidos que tomava à noite — ela começou a comentar que tia Itamar deveria ter mais paciência com Rebinha, minha bisavó, e não levar tão a sério seus comentários e "tolices". Isso, pois: "Rebinha já é véia-véia e Itamar ainda é véia-nova". E quem eram essas *véias-novas* e as *véia-véias* como apontou minha avó? Ela afirmava que nem todo mundo que havia passado dos 60 anos ou cumprido o curso de vida esperado em Canto do Buriti poderia ser clas-sificada automaticamente como *véia*. Ela me indicava, à sua maneira, que eu (e tia Itamar) não poderíamos homogeneizar as experiências dos indivíduos pertencentes a uma categoria, como já apontava Guita Grin Debert (1999). Além disso, minha avó levava em consideração que tia Itamar, nos seus 63 anos, e a bisa Rebinha com 93 anos, tinham condições corpóreas e de agência em relação ao mundo completamente diferentes.

Bisa Rebinha, por exemplo, não conseguia mais se locomover pela cidade, foi acometida por dois AVCS[25], dependia de alguém que cozi-nhasse, limpasse sua casa, administrasse seu dinheiro, cuidasse das suas consultas médicas, etc. A bisa precisava de alguém que *tomasse de conta* constantemente, diferente de tia Itamar que executava todos esses afazeres para ela própria e a bisa. O limiar entre a *véia-véia* e a *véia-nova* estava circunscrito pela capacidade da pessoa em *tomar de conta* de si ou não. Tais categorias mobilizam noções preciosas de autonomia, inde-pendência, e necessidade de *tomar de conta* (ou de ser *tomado*). A perda, mesmo que parcial, da autonomia e o início de um processo de necessitar receber o *tomar de conta*, com relativa independência da idade, poderia fazer que uma *véia-nova*, por exemplo, se tornasse uma *véia-véia*. Se a velhice deve ser pensada como "um processo gradual em que a dimensão histórica e social e a biográfica individual" (Debert, 1999, p. 50) estão em constante intercâmbio, para compreender a ideia de "terceira idade" é preciso encará-la também como uma "construção ideológica em um mundo globalizado, e, ao mesmo tempo, fragmentado e caracterizado pelo liberalismo" (Batista; Brito Da Motta, 2014. p. 4).

Por outro lado, antropólogas e antropólogos tem feito um movimento em demonstrar a pluralidade nos envelhecimentos ou como vimos no meu caso, do *cair pra idade* e o de ser uma pessoa *de idade*. A biopolítica

---

[25] Acidente Vascular Cerebral

foucaultiana em a "História da Sexualidade I" (1977) alertava também sobre os controles baseados nas novas categorias do curso da vida, como a construção a partir do século XVII da infância e sobretudo os mecanismos de repressão sexual que passaram a ser atribuições estatais (assim como a velhice, a partir da aposentadoria e das instituições para velhos, como os asilos).

Com isso, o *véi* e a *véia* só fazem sentido em relação a outras categorias relacionadas ao curso da vida que apresentei no início do capítulo. Nessa periodização particular do curso da vida em campo eu passava a olhar para dentro da varanda, mais especificamente em direção a casa da minha avó e vislumbrei que ali também havia coisas para tentar entender. Outros marcadores de diferença me distinguiam do restante da minha família e outros matizavam essas hierarquias. Eu era a primeira integrante da minha família materna a fazer um curso de nível superior em uma universidade pública, assim como também era a "Clarinha!". Mas apesar dessa hierarquia criada pela escolarização em relação a minha família, minha trajetória também era lida como uma narrativa de vitória e exemplo para outros familiares. Porém, além de "Clarinha", eu também era a *moça* e a "Neta da Nita". Aqui entravam importantes componente geracionais que demarcavam esses limites.

Eu poderia estar em uma pós-graduação, mas aos olhos de minhas parentes-interlocutoras eu ainda não era uma *muié*, como apontei acima. Isso resvalava em ser constantemente interpelada por questões como: "Quem sabe você arruma um marido aqui!?"; "Se você tiver filhos..."; "Quando casar...". Apesar de possuir alguns marcadores sociais (que me avaliavam positivamente para outros olhos), me faltavam coisas que essas *véias* sabiam (e já haviam vivido). No começo eu sentia um incômodo com as constantes perguntas sobre possíveis namorados que eu pudesse vir a ter deixado em Brasília, assim como a constante possibilidade de *arrumar* alguém em Canto do Buriti. As perguntas se desdobravam em ações como no grupo de "orações", por parte de algumas *véias* da cidade, para que eu viesse a encontrar algum pretendente.

Partos, cuidado com crianças, alimentos locais, bichos, menopausa, sexualidade... Conviver com essas *véias* era constantemente ser interpelada pelas possibilidades de um vir a ser *muié*, de ser ainda uma *moça* que não viveu tais experiências e que também não *caiu pra idade*, pois *cair pra idade* envolvia, na maior parte das vezes, experimentar todas essas diferentes experiências. Não é à toa que essas questões sobre matrimômio, parto e outras emergiam. Com o tempo em campo percebi que para além de curiosidade havia uma pitada de preocupação (genuína) para comigo.

Questões iniciais que eu lia apenas como a normatização das expectativas sociais que recaiam sobre uma mulher para com as expectativas que toda a família e a sociedade tinham para com ela, foi complexificada com o tempo em campo. O tempo em campo é essencial por isso. Ele corrige enganos, equívocos iniciais e ajuda a complexificar os fenômenos que experienciamos. Na visão delas, uma *muié* sem marido, mas principalmente sem filhos, naquele contexto, era uma *muié* sem um *tomar de conta* no futuro. E, no limite, uma "mulher sem futuro".

Carlos Eduardo Henning (2016) afina a discussão sobre o que ele intitula de "teleologias heteronormativas". Essas, seriam norteadoras de como um curso de vida deve seguir por meio de certos parâmetros normativos de uma vida feliz. Esses marcos biográficos que deviam ser executados envolviam o casamento, formação de uma nova família, filhos. Por teleologia heteronormativa ele define:

> [...] uma forma normativa de estipular metas, fins e objetivos últimos para o percurso biográfico (como relações sexuais, conjugalidade, reprodução, parentalidade e conformação familiar), os quais são guiados por referenciais heterossexuais inequívocos e aparentemente inescapáveis, e cuja finalidade e sequencialidade linear e irretornável se tornam – em um efeito social pervasivo e convincente – princípios fundamentais de explicação, significação e ordenação da experiência biográfica. (Henning, 2016, p. 367).

Eu, à minha maneira, estava "fora da ordem" de uma certa teleologia heteronormativa sobre o curso da vida feminina em Canto do Buriti. "Marido nem precisa tanto assim, mas sem filhos você vai ficar sozinha...", me diziam. Não tem como não pensar nos papéis que esperam que uma mulher desempenhe socialmente, mas elas estão falando de uma equação ligada principalmente ao *tomar de conta* após o *cair pra idade* (em alguns casos antes mesmo disso).

Entretanto, essa teleologia heteronormativa sobre o curso da vida feminina foi matizado com a presença continuada em campo, pois englobava outros cálculos em relação ao curso de vida. "Ter filhos" era importante, mas principalmente ter uma *filha-mulher*. Uma *filha-mulher* significava quase uma garantia de um *tomar de conta* hoje com algumas expectativas de que esse *tomar de conta* fosse devolvido futuramente. Havia uma espécie de "economia da reciprocidade" nas práticas do *tomar de conta*. Essa economia estipulava que as mais *moças*, assim como as *véias-novas*, tivessem que *tomar de conta* das *véias-véias* (e dos *véis* e/ou dependentes), na esperança de que uma certa "solidariedade intergeracional" fizesse que suas *filhas-mulher tomassem de conta* delas posteriormente. O *tomar de conta* estava sempre atrelado ao feminino. Foram as vezes que escutei minha mãe afirmar que: "Tomo conta de mãe [minha avó] pra que um dia possam fazer isso por mim". O "possam" era direcionado a sua única *filha-mulher,* eu.

As narrações de como as *filhas-mulher* e *filhos-homem* ajudaram nisso ou naquilo reforçavam como os filhos (ou a falta deles) impactavam na forma de *cair pra idade* em Canto do Buriti. Acompanhando a trajetória de duas mulheres que não tiveram filhos como minha tia Itamar e sua amiga Rosa, entendi em parte o cuidado/preocupação/curiosidade delas para com minha condição de "ainda-não-mãe". Inclusive as mulheres *de idade* que nunca tiveram filhos, por motivos que ficarão explícitos nas próximas páginas, eram constantemente colocadas na posição de "não-saberem" algumas coisas pela condição de nunca terem "parido" e *criado* uma família.

Em uma tarde na casa da minha avó, Conceição, esposa do meu tio-avô Carlindo (que por sua vez é irmão da minha avó e da tia Itamar), estava contando sobre como sua "pressão alta" surgiu depois dos seus seis partos. Conceição então começou a falar sobre como seu corpo havia mudado não apenas por haver *caído pra idade*, mas também de haver *parido*. Tia Itamar, em tom de gracejo, disse que seus seios continuavam "em pé". Tia Conceição imediatamente completou: "Mas é claro, você não foi mãe!". Nesse momento a conversa continuou, mas o semblante da tia Itamar ficou mais sério e a partir desse momento ela não mais falou de possíveis modificações que seu corpo veio a ter com o *cair pra idade*.

Em outra ocasião, acompanhei o dia das mãe ao lado de tia Itamar. Essa, escutava sua cunhada Conceição dissertar sobre a quantidade de ligações que recebeu das filhas e filhos, da cesta de café da manhã que ganhou de uma das filhas e outros presentes. Tia Itamar, nada falava, apenas acenava. Essa mesma cena se repetiu com cada mãe que tia Itamar encontrou ao longo do dia. Poderia haver desvalorizações circunstanciais para aquelas(es) que saem dessas expectativas reprodutivas que passam pela ideia de ter filhos (ou filhas). O que poderia também ocorrer eram os momentos citados acima em que a *véia* poderia ter sua fala desqualificada sobre assuntos ligados ao universo da maternidade, como nas datas comemorativas como dia das mães e nos momentos de solidão.

Tia Itamar algumas vezes me confessou se sentir só e se questionou algumas vezes sobre os possíveis caminhos que sua vida poderia ter tomado caso tivesse escolhido ser mãe. Um dia de campo enquanto eu tirava um cochilo a tarde, acordei e vi que minha avó e tia Itamar conversavam na varanda. Quando cheguei perto para dizer boa tarde a elas escutei tia Itamar dizendo a minha avó que: "Você tem que agradecer, Nita! Porque você tem suas filhas, mas e eu que sou só?".

Como apontado nesse capítulo, o curso da vida acabava trabalhando no direcionamento das pessoas para a constituição de novas famílias. E dessas novas famílias era esperado que cumprissem as expectativas do curso de vida local. Entretanto, entre minha família em Brasília, por exemplo, a educação superior era vista como um marco importante em comparação a "ter um namorado/marido" ou "ter um filho", pelo menos por um tempo. Agora que cheguei aos 25 anos a minha família localizada em Brasília também passava a perguntar sobre o meu desinteresse por esses outros aspectos da minha vida, e como com as *véias* de Canto do Buriti, com genuína preocupação.

Até aqui, analisei noções locais para as categorias associadas ao curso da vida em Canto do Buriti como *menina, moça, múie, véia, véia-nova, véia-véia*, assim como marcos importantes para transições ao longo do curso de vida, como o trabalho, a maternidade e o saber sobre a própria *vida*. Levantei também como as categorias atreladas a periodização da vida estão intimamamente ligadas aos interesses maiores da sociedade do seu tempo e espaço. Com isso, a antropologia que estuda o curso da vida está preocupada em levantar e apresentar as complexidades que envolvem estar vivo, as diversas mudanças de *status* ao longo desse caminho e como ele, deveras, é plural. Sobre essa minha experiência vivida em um pequeno instante no tempo-espaço no campo, Benjamin (1985) considerou, no início do ensaio "Experiência e Pobreza", que uma das características da experiência é ser transmitida aos "jovens", e há diversas formas de ser transmitida.

Benjamin, com ensaio esse escrito originalmente em 1933 fala não apenas de uma percepção de experiência individual, mas de uma experiência compartilhada de uma geração que vinha perdendo a capacidade de transmitir a "cultura" ou aspectos culturais de uma sociedade por intermédio da narração. O trecho acima é preciso aos interesses desse livro. Esse movimento poderia ser feito a partir de como essas *véias* sabiam *criar*, assim poderiam transmitir o seu saber *ser muié* para mim. Elas estavam também me *criando* nesse sentido, me transformando, me fazendo vislumbrar um futuro campo de pesquisa em família, me fazendo visualizar como um dia eu viria a ser (caso também tivesse *sorte*) e o que eu poderia encontrar dependendo das escolhas que eu fizesse. Havia nessa relação também uma solidariedade feminina em fazer com que a outra aprendesse via experiência narrada.

Apresentei também como a partir das categorias associadas ao curso de vida (*menina, minino, moça, moço, muié, homi, véia-nova, véia-véia*) e do meu posicionamento nele, por meio das quebras de expectativas e perguntas, consegui compreender o mesmo. Eu era apresentada a normatividade local e as expectativas que minhas parentes e interlocutoras tinham em relação ao meu futuro, principalmente, ligado a conjugalidade e reprodução. E isso resvala em como elas me faziam vislumbrar, a partir das narrativas de solidão, vazio, ausências de ajudas, como seria meu futuro mediante as decições reprodutivas que eu tomasse no presente. Elas me faziam temer a ausência de uma figura com a qual eu pudesse contar, em alguma medida, caso eu viesse a ser um *véia-nova* e, consequentemente, uma *véia-véia*. Elas abalavam certezas que eu tinha em relação ao meu curso biográfico.

O próximo capítulo dialoga de forma precisa com os dois capítulos anteriores, pois é justamente onde busco refletir sobre os impactos que os "segredos de família" que descobri ao longo do campo tiveram em modificar e mobilizar estruturalmente a história da minha família (e a minha própria). A partir disso, foi possível reconstruir novas percepções sobre sujeitos específicos e importantes para a biografia de todos os parentes, como veremos com a bisa Rebinha. O processo de descobrir "segredos de família" resvalou na compreensão sobre quem tinha o "direito" sobre as histórias que emergiam em campo. Como sujeito que intervinha diretamente na vida da minha avó a partir do *tomar de conta* foi possível compreender como esse processo abalou possíveis concepções de neutralidade e distanciamento. Então, será ainda possível perceber como as categorias "espiar" e "ajudar" eram bem sucedidas para pensar metodologicamente o campo com parentes. Nesse sentido, entraremos no domínio do que podia ser dito, do que era escondido e do que deveria continuar enterrado.

Capítulo III

"VOCÊ FICA FALANDO COMO SE NÃO FOSSE DA FAMÍLIA!": RECRIANDO PAISAGENS NARRATIVAS DA *ORIGEM* E DO *MUNDO*

Filha-mulher

Mandar os filhos pro *mundo* ainda muito *mininos* para tentar melhores condições de *vida* é contar com a possibilidade de que eles possam não querer voltar. Nenhum dos três *filhos-homem* ou das *quatro filhas-mulher* da minha avó quiseram retornar para a cidade. Pelo menos não até a escrita dessas linhas. Alguns diziam que poderiam querer voltar para a cidade depois que "sair a aposentadoria". Então, assim que minha mãe comunicou às irmãs que não conseguiria "viver na cidade" (de Canto dos Buriti) para *tomar de conta* da minha avó, a *filha-mulher* mais nova da minha avó, tia Regina, disse às outras irmãs: "Eu tomo de conta, mas só se for na minha casa [Brasília]". Aqui vemos como a ideia de t*omar de conta* era centralmente e dependente das *filhas-mulher*.

Depois dos 70 anos de idade foi a vez da minha avó ir para *o mundo* (Brasília). O *mundo* é considerado tudo o que não é Canto do Buriti ou no caso da minha avó, sua cidade de *origem*. Mas após ir para o *mundo* e lá ficar quatro anos entre idas e vinhas, mais especificamente entre a casa da tia Regina e Canto do Buriti, minha avó voltou comigo do *mundo* em decorrência da minha pesquisa (como havia feito algumas vezes com outras parentes por outros motivos). Ao voltar para sua casa algumas considerações precisam ser feitas acerca do cotidiano com minha avó.

Em uma manhã típica em campo eu acordava com um feixe de luz que atravessava as telhas e incidia bem em cima da minha cama iluminando todo o quarto. Nesse momento eu sabia que era hora de levantar. Abria a "porta da rua" perto das 08:30 e minha avó já estava vendo TV. Ela dormia e acordava cedo. Diferente de mim que ficava até tarde escrevendo o diário de campo. Se ela tinha saído do quarto, significava que estava apta a conversar. Em outros dias ela ficava no quarto o dia todo, em silêncio, com as janelas fechadas, no escuro e nada falava. Saía quando o sol já havia ido embora para ver as novelas que começavam a passar na TV aberta após as dezoito horas. Eu chamava esses dias menos comunicativo nos diários de campo de "dias sombrios".

Eu passava o café, colocava no copo e levava para ela em seu quarto. Depois do café da manhã era o momento que eu começava a pensar no que fazer para o almoço. Quando o almoço acabava era hora de varrer o chão, lavar a louça, ver que compras precisavam ser feitas, que contas precisavam ser pagas, que remédios minha avó precisava tomar. Quando percebi, era eu quem estava *tomando de conta* em meio a pesquisa. Esse *tomar de conta* envolvia todos os cálculos descritos acima. Comida, medicamento, contas domésticas, controle, afeto, atenção, limpeza e também cansaço. Meus dias eram compostos por uma constante sensação de cansaço que derivava do *tomar de conta* de conta da minha avó e da pesquisa ao mesmo tempo. Era só depois que minha avó dormia que muitas vezes meu diário de campo era escrito, assim como eu sabia que independentemente da hora que eu fosse terminar de escrever o diário de campo para dormir, minha avó acordaria cedo, só tomaria o café da manhã e o medicamento quando eu acordasse e ministrasse.

Tomar de conta me localizava como o que posso chamar de "neta--mulher" e, portanto, eu tinha a função compulsória do *tomar de conta*, nos termos locais, de uma *véia-véia*. Mas além de eu ser uma *moça*, era preciso ser também uma *moça de família* para que algumas interlocutoras, como as do grupo "Viver Na Melhor Idade", pudessem e quisessem conversar comigo. Ser uma *moça de família* incluía obrigações como a de não ter relações sexuais fora de um relacionamento com um homem (já que a homoafetividade era assunto tabu na cidade e dessa forma o relacionamento com uma mulher não era nem ao menos cogitável), não ficar indo para os "movimentos", "festas" ou "frevos" desacompanhada e não usar roupas consideradas inadequadas, como shorts muito curtos ou mini blusas. Ser essa *moça de família* era essencial também para que meu nome não "caísse na boca do povo", como alertou minha mãe antes de eu ir a campo acerca das etiquetas morais da sua cidade de *origem*. Todo meu corpo abria brecha para pensar, como no trecho abaixo, outros motivos que me mantiveram atrelada ao espaço doméstico.

Era abril e após um dia de campo resolvi fazer beiju com carne seca para eu e minha avó lancharmos à tarde. Com uma cobrança que se tornava recorrente tanto por parte da minha avó quanto da minha tia Regina, era hora de medir a glicose da minha avó. Fui para o Youtube[26] aprender com algum tutorial como utilizar o esfigmomanômetro e o glicosímetro. Como teste, utilizei os aparelhos em mim e em seguida em uma avó (que já estava) com uma cara de poucos amigos. Sua pressão arterial estava "12/7", extremamente controlada. Ao medir a glicose dela eis que a taxa estava em 375. Levei um susto e imediatamente liguei para minha mãe. Ela comunicou que eu teria que aplicar uma injeção de insulina na minha avó.

Eu nunca havia aplicado uma injeção na vida, mas assim que comuniquei à minha avó o que eu teria que fazer, ela apenas levantou a blusa. Mencionou que minha tia Regina costumava aplicar a injeção em sua barriga. Preparei a agulha e a quantidade de insulina recomendada na receita médica. Me aproximei. Minhas mãos tremiam um pouco devido à ansiedade e medo de perfurar a pele da minha avó, de aplicar a injeção em algum órgão errado. Eis que após uma grande tragada de ar me aproximei da sua barriga com a seringa e senti a agulha perfurar sua pele, assim como a pressão que exerci em meu polegar para que a substância entrasse em seu corpo. Depois dessa experiência continuei apreensiva. E se minha avó passasse mal? E se ela tivesse uma complicação? Minha família me acusaria de não estar *tomando de conta* direito dela? E se eu precisasse ir para o hospital com minha avó? Eu seguia uma dieta adequada para nós, então como a diabetes poderia ter chegado a esse nível? Eu tinha dado os medicamentos certos no dia? Pouco depois da injeção ela foi dormir, mas permaneci acordada. De tempos em tempos eu ia ao seu quarto averiguar se estava tudo bem.

Nas semanas seguintes, porém, sua taxa glicêmica não reduzia e eu continuava aflita, até que percebi que o açúcar estava acabando muito rápido em uma casa em quase não havia consumo de açúcar. Eu fazia a comida e o café, eu usava o açúcar. Foi aí que descobri que minha avó me esperava dormir depois de escrever o diário de campo para comer açúcar... Como eu dormia tarde e cansada acabava não escutando sua movimentação dentro de casa. Passei a levar a lata de açúcar comigo para o quarto todas as noites. O *tomar de conta* ganhava outro sentido em campo. Não era apenas manter a casa funcionando, no sentido doméstico do termo, mas também minha avó e seu corpo.

---

[26] YouTube é uma plataforma de compartilhamento de vídeos com sede em San Bruno, Califórnia. O serviço foi criado por três ex-funcionários do PayPal – Chad Hurley, Steve Chen e Jawed Karim – em fevereiro de 2005.

Posto isso, manter esse corpo funcionando era exercer também a ideia de que em algum sentido eu sabia o que era melhor para ela, como, por exemplo, não comer açúcar puro já que ela tinha diabetes tipo 2. Era uma posição desconfortável que se alinhava aos papéis que se justapunham em campo. Eu estava sendo violenta com minha avó por não deixá-la comer açúcar? Eu estava sendo autoritária? Eu estava "sendo" minha mãe e minha tia? Ou eu estava fazendo o papel de uma mulher que *toma de conta*? E no que implicava o meu papel de *tomar de conta* ao mesmo tempo em que pesquisava? Onde ficava a autoridade etnográfica pesquisando minha família? Ela ainda existia? Se ainda operava, isso se dava nos sentidos clássicos do termo? Em que medida minha "autoridade" estando *tomando de conta* de minha avó se confluía ou divergia de minha "autoridade" como etnógrafa em campo? De que maneira meus dilemas éticos e políticos como *tomadora de conta* de minha avó se aproximavam dos meus dilemas como etnógrafa-entre-parentes? Estas eram algumas das questões que emergiram ao longo do campo e mesmo agora escrevendo esse livro são questões que não terão uma resposta necessariamente fechada, pois creio que são mais prolíficas quando deixadas em aberto, tensionando as reflexões e análises que aqui apresento. Me proponho, assim sendo, a matizar essas questões abaixo.

"Espiar" e "ajudar": estratégias metodológicas para uma pesquisa com parentes

Voltemos a visitar a história recente da nossa disciplina. Mais especificamente ao contexto colonial em que os moldes das pesquisas antropológicas começavam a ser fundados e forjados. Havia uma prerrogativa nos contextos de pesquisa colonial, os "nativos" não sabiam o que era Antropologia. A disciplina também estava tentando se consolidar no campo científico, mas isso acaba resvalando nas discussões de autoridade etnográfica realizadas por James Clifford (2002, p. 20) quando colocamos em perspectiva as pesquisas realizadas com parentes. Quando o autor afirma que "A observação participante obriga seus praticantes a experimentar, tanto em termos físicos quanto intelectuais, as vicissitudes da tradução" uma valiosa ideia desse trecho aparece. Principalmente na forma como as etnografias mais clássicas elencaram observação participante como técnica que ajudava a partir da escrita, a colocar o leitor "lá".

Ao mesmo tempo, eram utilizadas diferentes estratégias literárias pelos etnógrafos/antropólogos para dar ordem ao mundo pesquisado.

Nisso, criavam outros tipos de hierarquias e autoridades (outros tipos de mundos escritos). Além dessa autoridade ser cunhada pela escrita, ela é também estabelecida pelo distanciamento que os nossos interlocutores possuem dos nossos dados. Dito isso, minhas parentes-interlocutoras poderiam "espiar" (Virgílio, 2018) minha pesquisa com as fotografias que eu tirava e lhes apresentava, com os trechos dos diários que as poucos eu ia lendo, com os videos que eu mostrava. Todos esses materiais eram considerados não apenas parte da pesquisa, mas como material da nossa família. Um exemplo disso, foi quando em uma tarde na varanda da tia Itamar após um almoço de família resolvi fotografar. As conversas emergiam o tempo todo, assim como minhas fotografias. Então quando tia Itamar ainda estava deitada, resolvi fotografá-la enquanto ela contava uma história.

Ali era um momento de família, mas ver minha tia descansando naquela rede com as bandeiras do Brasil eu percebia o quão aquela imagem comunicava sobre ela, mas também sobre toda a pesquisa. Sobre ter trabalhado por quase 40 anos em São Paulo como tantas mulheres e homens nordestinos e depois encarar a tentativa da voltar para *origem* buscando algum tipo descanso. A foto era para a pesquisa, mas também da família. Sendo assim, enviei a foto para minha mãe que logo em seguida encaminhou para minha tia Itamar. No mesmo dia recebi um áudio dela dizendo: "Adorei a foto que sua mãe mandou! Boa! Mandei pra minhas amigas para tirar sarro delas que eu tô deitada na rede e elas pegando ônibus cansadas e eu tô descansando!". Era um descanso mais do que merecido. Eu, como sobrinha-neta e pesquisadora, sentia imenso prazer em perceber que minha parente-interlocutora se reconhecia naquela foto, usufruía e tinha reflexões muito próximas às minhas quanto a impressão que a foto passava nesse processo de "espiação" que ocorria de mim para com elas e delas para comigo.

A autoridade etnográfica é cunhada não apenas com nossos textos escritos, mas com os distanciamentos que criamos entre nossa pesquisa e nossos interlocutores. E como também, aprendemos como as distâncias e estranhamentos em relação com o pesquisado (nativos, interlocutores, parentes) são necessários para fazer uma pesquisa. Como Said (2011, p. 11) afirmou, o " poder de narrar, ou de impedir que se formem e surjam outras narrativas, é muito importante para a cultura e o imperialismo, e constitui uma das principais conexões entre ambos". A necessidade de criar um "Outro", de construir quem tem autoridade de narrar sobre esse

"Outro", é também uma intenção técnica e narrativa de acirrar fronteiras para alimentar uma ideia de que assim é mais "objetivo", "científico" e "neutro". Isso está profundamente ligado ao fato de que foi a estrutura colonial que tornou possível a delimitação do objeto de interesse da antropologia, o "Outro". E isso se dá pela forma como a disciplina estrutura sua pesquisa e objetifica o conhecimento (Assad, 1973).

A cilada contemporânea talvez seja pensar que essas ideias foram superadas, quando na verdade ainda aprendemos a operar por esses princípios (como o estranhamento ensina a fazer). É importante levantar como o "estranhar" é diferente do "espiar" o próprio povo. Não tem como criar um "Outro" distante, o "Outro" é também, de algum modo, meu. O "Outro" em algum nível também sou "Eu". E daí partia toda minha dificuldade em delimitar a própria pesquisa enquanto eu trabalhava com o acirramento de fronteiras. A fotografia de campo não é apenas da minha autoria, é de toda minha família e passa a figurar também no álbum de família. As histórias não são apenas minhas para serem contadas a outros (esses sim distantes), são histórias nossas. Com o processo de me aproximar das minhas parentes, esse texto passou a figurar no espaço etnográfico e antropológico de fazer-pesquisa por aproximações e reconhecimentos entre parentes.

Esses conceitos clássicos são cunhados e feitos em pesquisas onde a distâncias em muitos níveis eram o que permitiam uma pesquisa ocorrer.[27] Como os conceitos que trouxe do contexto de pesquisa do Nathan Virgílio (2018), antropólogo que fez pesquisa com os avós no interior do Ceará, talvez a "ajuda" e o "espiar" sejam categorias metodológicas mais realistas com as pesquisas realizadas com/entre parentes. Ademais, Cláudia Fonseca (2010) discute as implicações éticas, metodológicas e políticas em relação ao anonimato das interlocutoras nos textos antropológicos. Ela dialoga então acerca dessa antropologia contemporânea que ocorre "em casa" (no sentido de nacionalmente, mas não de uma feita dentro de casa).

Ademais, traz uma reflexão pertinente também para a pesquisa que acontece entre parentes. Apesar das assimetrias entre parentes-interlocutoras serem de outro tipo do que a clássica apresentada pela construção

---

[27] «Se muito da escrita etnográfica é produzido no campo, a real elaboração de uma etnografia é feita em outro lugar. Os dados constituídos em condições discursivas, dialógicas, são apropriados apenas através de formas textualizadas. Os eventos e os encontros da pesquisa se tomam anotações de campo. As experiências tomam-se narrativas, ocorrências significativas ou exemplos" (Clifford, 2002, p. 41).

da ideia de uma antropóloga profissional, a "desigualdade política – entre quem descreve e quem é descrito – é parte integrante do texto" (Fonseca, p. 10). Essa é uma assimetria que não desaparece com a escrita, mas creio que entre parentes ela é mais elástica. Minha avó e tia Itamar eram analfabetas, sou eu quem descrevo e escrevo sobre elas. Creio que elas escreviam outras versões de mim em suas *lembranças*, nos seus contares e dizeres, mas ao mesmo tempo nós escrevemos e reescrevemos juntas a história da família com os vários retornos que elas tinham sobre minhas análises e em seguida tinham a possibilidade de afirmar se minhas elas faziam sentido ou não. Foram muitas as vezes que ao escrever esse texto eu lia trechos em voz alta para minha mãe ou comentava algo com tia Itamar por áudio no WhatsApp e elas afirmaram: "Não é bem assim!", "Tá faltando um parente nessa árvore! Pergunta pra mãe [minha avó] quem era o tio Edgar!" ou "É assim mesmo que acontece!". Ao fazer esse processo de diversas idas e vinhas eu percebia que a ideia de completude em relação as histórias que eu contava era inexistente, pois cada vez que eu contava uma mesma história elas adicionavam mais camadas, mais nuances ou modificavam algo. Por outro lado, elas afinavam análises que eu fazia, deixando o resultado final um pouco mais bem acabado. Afinal, era a história delas também, elas me "ajudavam" a contar.

Como abordarei mais adiante, tia Itamar trouxe à tona o que pode ser considerado um "segredo de família" que talvez sem minha pesquisa, nunca tivesse emergido. Com a morte das *véias* da família, seriam segredos esquecidos. Outro "segredo" que já adianto, foi o de que a bisa Rebinha tinha no fundo da sua casa o que durante a pesquisa algumas parentes denominaram de "macumba", "terêcô" ou "tambor". Era outro traço que estava sumindo da história da família que havia com o tempo virado majoritariamente católica. Alguns desses apagamentos vieram a tona com a pesquisa e isso me ajudou a rever, por exemplo, o fato de eu achar que era a primeira candomblecista iniciada da minha família. Reescrevemos assim outros inícios e *origens*, outras leituras e chegamos a diferentes conclusões.

Como atentamente Clifford (2002, p. 58) pontuava, a "concretização textual da autoridade é um problema recorrente para os experimentos contemporâneos em etnografia.". Por consequência, a pesquisa com parentes apresentou outras potencialidades de repensar a autoridade dentro dos nossos textos e para além deles. Não somos ingênuos ao ponto de considerar que as construções discursivas, textuais e gráficas são isentas de estratégias de escrita e não trabalham para a sedução de um público.

Entretanto, essas questões não teriam surgido sem o incômodo extremo que experimentei ao me deparar com a pesquisa com minhas parentes. Ao expor minhas parentes eu estava me expondo? Chorar por um avô morto que nem a voz eu lembrava poderia afetar minha forma de contar uma história? Descobrir e administrar segredos da uma família fazia com que eu reposicionasse os meus próprios preceitos enquanto pessoa no *mundo* e antropóloga? Será que por minhas parentes não serem objetos, mas parte do meu osso, ancestralidade e história fariam da minha etnografia "menos etnografia"?

Mariza Peirano (1992) já nos alertava sobre a necessidade de pensar "antropologias no plural", mas Martín e Madroñal (2016) traziam outros aspectos que resvalam nas discussões realizadas acima. Não é necessário então que nos reconciliemos com nosso passado colonial, é preciso que encaremos ele de frente e as consequências que o fundamento da nossa disciplina ainda tem contemporaneamente sobre a nossa forma de pensar e produzir conhecimentos legitimáveis academicamente. Eles trazem a contribuição somada com a de outros teóricos para pensar uma "Antropologia de Orientação Pública" com uma necessidade indelével de nos fazer rever pressupostos principalmente entre nossas metodologias de campo propondo assim uma descolonização das metodologias etnográficas e da produção etnográfica.

Essas tomadas de consciência partem da retomada que fiz ao longo dos capítulos anteriores de repensar as parentes-interlocutoras em campo com a necessidade de reestabelecer o compromisso com as mesmas pessoas que são responsáveis por a construção da pesquisa e teoria antropológica (que no meu caso foram essenciais também para a minha formação como pessoa). Por isso, foi fundamental ao longo do texto o compromisso com minhas parentes para a produção de diferentes leituras em-de um mesmo material.

O movimento de descolonização metodológico primeiro parte de uma compreensão de que temos que no primeiro momento assumir o caráter historicamente colonial de muitos de nossos métodos de pesquisa, mas não parar por aí. Eram em momento como esses, que citarei abaixo, que mesmo após o campo eu fazia questão de ponderar, por exemplo, com tia Itamar, lacunas da sua história. Não com um intuito de ter a história "verdadeira" no sentido jornalístico do termo, mas uma história na qual ela se enxergasse. Após o campo eu não tinha me atentado para a idade exata que tia Itamar tinha ido para São Paulo. Quando já fazia a revisão do livro acabei comentando isso com minha mãe. No mesmo instante ela pegou o telefone, abriu no Whatsapp e rapidamente mandou um áudio para tia Itamar:

> Ana (minha mãe): Oh Itamar! Eu de novo! Deixa eu te falar, com quantos anos você foi mesmo pra São Paulo? Uns 15? Ou foi antes? É pra Clara terminar aqui de fechar um capítulo dela sobre sua vida. Daqui a pouco sua vida vai virar um livro, todo mundo vai saber da tua vida. Ainda bem que ninguém te conhece né, Itamar? (risadas). Clara disse que sua história é muito bonita! É uma história vitoriosa! Cheia de coisa pra contar! Aí me responde com quantos anos você foi para São Paulo. Foi com 14 ou foi com 15?

> Itamar: (Risadas). Realmente, minha história é muito interessante pra quem gosta de história. Eu posso dizer que fui uma grande vencedora. Nem posso dizer que não fui vencedora. Eu fui uma vencedora! Porque saí com a idade que eu saí pra São Paulo e não me perdi (risadas). Não me perdi em São Paulo! Porque muitos se perderam pelos caminhos, mas graças a Deus não me perdi. Tô aqui! Tô viva! Mesmo capenga, mas tô viva graças a Deus! E de cabeça erguida, né. Não, eu fui com 17. Eu tinha 17 anos quando eu fui. Ta bom! Então fala pra ela. É isso aí, Ana! Se cuide, fique com Deus! Beijos pra Clarinha que eu sei que ela tá na luta aí também. Beijos e tchau! (Registros para além do campo. 20 de julho de 2020).

Após minha mãe falar para minha tia que "ainda bem que ninguém te conhece" eu questionei com as duas o que elas queriam dizer com isso, afinal eu estava escrevendo sobre elas. Será que meu esforço de o tempo todo falar que eu estava escrevendo nossas histórias não havia sido feito da forma correta? Será que não me fiz entender? Foi aí que minha mãe respondeu que por mais que as pessoas soubessem a história da minha tia Itamar, ou a dela, ou vissem suas fotos, elas não conheciam efetivamente ela ou minha tia. Pois a história aqui contada e as fotos aqui registradas não eram capazes de realmente mostrar quem era efetivamente minha tia. Elas me ajudavam a separar história, do sujeito. Separar realidade vivida, da ficção persuasiva escrita. Afirmavam que a complexidade da *vida* escapava ao texto. Que, por conseguinte, eu não me resumia as histórias aqui contadas e escritas.

Registros cotidianos de família acabaram aparecendo mesmo após a saída de Canto do Buriti e somaram aos registros dos diários de campo, como apresentado acima. Concomitantemente, minhas parentes continuavam me "ajudando" a fazer a pesquisa, a tapar lacunas e a reinterpretar os dados. O mesmo ocorreu quando questionei minha mãe se ela queria que eu mudasse seu nome para algum fictício no livro e ela afirmou: "Não tem como você mudar sua família, por que você acha que tem como mudar o meu nome?". Dentre tantas coisas, minha mãe me apontava também que não havia como eu me esconder. Como Quijano (2005, p. 15) levanta;

> [...] a colonialidade do poder faz da América Latina um cenário de des/encontros entre nossa experiência, nosso conhecimento e nossa memória histórica. Não é surpreendente, por isso, que nossa história não tenha podido ter um movimento autônomo e coerente, e mais exatamente tenha se configurado como um longo e tortuoso labirinto em que nossos problemas não resolvidos nos habitam como fantasmas históricos. E não se poderia reconhecer e entender esse labirinto, ou seja, debater nossa história e identificar nossos problemas, se não se conseguisse primeiro identificar nossos fantasmas, convocá-los e contender com eles.

Quijano ao debater como fomos forjados dentro de relações e produções história que potencializaram e potencializam o desencontro com nós mesmos, me ajudou a perceber como revolver fantasmas mais "familiares" era também revolver minha posição dentro da antropologia que eu fazia. As antropologias feitas no sul global, feitas por esses "Outros", continuam levantando fantasmas que alguns grupos que historicamente fizeram e continuam fazendo antropologia no Brasil e na América Latina gostariam que continuassem enterrados. E não andando por aí apontando o dedo para ideias que não deveriam ressuscitar fazendo a ligação direta entre antropologia e colonialidade de poder que atravessa contemporaneamente saber, ser e ciência. Eu não tinha o *costume* de ouvir como eu deveria fazer meu campo. Minto, ouvia atentamente como antropólogas, textos e teorias apontavam como eu deveria agir em campo. Suas etnografias clássicas também me ensinaram a fazer etnografia e sem elas esse livro aqui também não seria possível.

O que eu não tinha *costume* era o de ouvir vozes que não possuíam a autoridade etnográfica ou que não vinham de antropólogas profissionais. E essa percepção veio apenas com minhas parentes, com minha mãe me fazendo perceber o direito da família em uma produção que eu encarava sendo apenas minha (afinal eu era a autora dessa versão do que me foi contado e assinaria o livro como autora), mas isso não era suficiente. Esse processo de insuficiência ficou nítido quando voltando para Brasília e revendo o álbum de família pude ver que algumas fotos não tinham data e informações outras. Nesse momento solicitava a minha mãe, que solidariamente passava a tentar encontrar em suas *lembranças, lembranças* que eu não tinha ou que me "escapavam".

Com ela eu encontrava as possíveis respostas. Eram as mulheres da minha família quem me guiavam e apontavam o rumo. Faziam análises, tiravam conclusões, levantavam hipóteses. Elas faziam e me ajudavam a fazer. Elas *criavam* e me ajudavam a *criar*. Esse livro pode ter apenas duas mão escrevendo, mas tem muitas outras vozes, traduções, ideias, reflexões, contribuições dentro das minhas palavras aqui cristalizadas. Segundo essa ordem de pensamento, foram muitas mais mãos as produtoras desse texto. Mãos de mulheres que estão no *mundo* e na *origem*, não letradas, mas que ainda assim tentam da forma mais amável possível "ajudar" essa parente.

Como puderam perceber, a discussão dorsal desse capítulo é justamente sobre a posicionalidade em campo e como ela levanta, friciona, arrasta e forja formas de entender o contexto de pesquisa e o próprio fazer antropológico. Clifford também (2016) apontava para a ficcionalidade da produção escrita antropológica, sobre as estratégias de construção de verdades textuais e de regimes de verdade científicas, mas também apontava para a parcialidade das histórias que contamos e das quais vivemos

O autor faz importantes apontamentos, pois já trabalhava com a perspectiva das particularidades que surgiriam com "nativos" que poderiam realizar pesquisa entre "nativos". Ao mesmo tempo, pincela e coloca em perspectiva a relação entre quem descreve e quem é descrito trazida pelas críticas pós-coloniais que botavam em relevo a proeminência de um Ocidente que construiu uma Antropologia nos seus limites do que seria o "Outro" não Ocidental. Mais interessante ainda é ele apontar que os "nativos" forneciam "relatos" e não etnografias. Como sabemos, a forma de nominar na antropologia é extremamente importante. Então o que fazemos é "relato" ou "etnografia"? O "nativo", o "Outro", está destinado eternamente a "relatar"?

Fazer uma antropologia com parentes, sendo uma *moça*, do sul global, socializada dentro de uma família majoritariamente negra, de classe popular, periférica e com dinâmicas familiares criadas na caarinha do nordeste brasileiro, era tensionar em consonância com Lila Abu-Lughod (2018) as questões ignoradas por Clifford (2016), principalmente as relacionadas a como os estudos feministas e o lugar da posição de "halfies"[28] na produção etnográfica são significativos para realização de pesquisas a partir de pessoas que estão no meio, entre mundos, fronteiras (em seu contexto no que diz respeito a identidades nacionais do tipo nipo-americano).

A escrita antropológica pode ser vista então como uma escrita de fronteiras em relações de poder em escala global, mas também em relação às antropologias internas. A posicionalidade de um corpo entre mundos que faz etnografia é uma relação política tanto em relação a comunidade acadêmica quanto a comunidade pesquisada da qual também faz parte. É um malabarismo constante em fazer sentido para dois contextos que em muitos casos não conversam amplamente.

O importante, ao meu ver, é compreender e atentar para os novos fazeres etnográficos que vem emergindo com uma nova geração de pesquisadores e pesquisadoras que não vieram da elite acadêmica ou branca desse país. Antropólogas(os) em formação que estão diariamente tentando entender se a antropologia dos grandes centros dos quais advém a teoria antropológica clássica ou contemporânea em que são socializados e nas quais aprendem o fazer antropológico é a antropologia que gostarão de fazer futuramente. Assim, acompanhar também como esses antropólogos em formação têm o potencial de transformar essa antropologia a partir das críticas e agenciamentos já em curso nas últimas décadas.

Até agora, como apresentei, não existia como separar objetividade e subjtividade na hora de pesquisar e tampouco escrever. Essa separação é puramente artifical e para fins reflexivos. Objetividade e subjetividades estão imersos em um único processo, o de estar vivo. Mas a exigência dessa separação vira um argumento utilizado e colocado na mesa quando você é o "Outro" na antropologia. Então, para sermos levados a sério teríamos que expurgar nossa subjetividade do processo de pesquisar? Mas os antropólogos não estão o tempo todo afirmando que "devemos levar as pessoas à sério"?

Minha posição em campo de alguém entre-mundos (parente/pesquisadora, *moça*/mulher, *origem*/*mundo*) subverte a espectativa dessa alteridade que constrói um "Outro" e quebra a expetativa em relação a

---

[28] "Halfies" deriva de "half" ("halves" em plural) que significa reduzir algo pela metade ou dividir algo em duas partes iguais.

uma objetividade absoluta. Em diálogo com os estudos pós–coloniais, feministas e subalternos tento produzir uma etnografia (e uma antropologia) em que as vozes das minhas parentes-interlocutoras estejam em relevo e na qual elas podem se sentir devidamente representadas. Nisso, entramos no terreno dos "segredos" que contituem uma família, no que mostrar ou esconder em nossas etnografias. O quanto (o que devemos) esconder e mostrar para "Eles"?

Os "segredos de família"

Nos "dias sombrios" da minha avó eu tentava puxar papo, fazer com que ela interagisse, com que saísse do escuro do quarto dela. Às vezes, quando nada funcionava, eu abria a janela para que pelo menos alguma luz entrasse. Se fosse uma interlocutora que não fosse da minha família eu teria essa mesma postura ativa? Me sentiria confortável o suficiente para interferir? Não havia uma separação abrupta entre a pesquisadora e a filha/neta/sobrinha e com o tempo percebi quem nem seria possível haver.

Nas duas primeiras semanas em campo minha avó recebia visitas dos seus conhecidos que ficaram sabendo da sua volta a Canto dos Buriti. Era um constante: "Oi Dona Nita!". Os assuntos eram diversos. Ao mesmo tempo, minha avó era indagada acerca de "Como vão suas meninas?"; "Vai ficar quanto tempo?"; "Voltou para ficar?". As notícias circulavam rapidamente na cidade. Palavras chegavam com as visitas e as palavras trazidas ficavam conosco. As palavras da minha avó também iam com a visita após sua partida, assim como as minhas. As palavras contavam como estavam suas filhas de Brasília, assim como as de São Paulo. Essas palavras que iam embora com as visitas provavelmente repousariam em alguma outra varanda e seriam assunto até que outra novidade ali repousasse.

E foi entre músicas e varandas que esses saberes foram ganhando corpo nas minhas *lembranças*. Então além de pesquisar *muiés* que *caíram pra idade* com parentes e não-parentes, a pesquisa me possibilitou ser profundamente mobilizada em campo por esses *costumes* e saberes. Tive acesso a esse *costume* de um saber-ser-*muié* que era agenciado por elas e passado para *moças* como eu. Eu estava como "um ator" entre outros em redes de relações de parentesco (e de poder) específicas. Eu não era mera "observadora" ou "conhecedora", me vulnerabilizei por esses *costumes*. Eventualmente rejeitei alguns deles, como o de fazer o possível e o impossível para "segurar um casamento", independentemente do sofrimento, cansaço.

Rejeitei também em assumir que meu gênero determinava tanto minha existência atrelada maternidade. Às vezes as prescrições giravam tanto em torno da família e da maternidade que por vezes soavam aos meus ouvidos como uma promessa, vezes como uma oração e em outros momentos como uma sentença. Sempre que eu tentava argumentar contra essas precrições, a condescêndencia para com meu posicionamento era por vezes desanimadora. Entender/compreender como os *costumes* na família operavam não pressupunha assumí-los e concordar com eles em termos de seu caráter prescritivo sobre mim.

Outro *costume* que eu tinha rejeitado era o de um namoro, dando preferência a trajetória profissional. Isso era visto como sinônimo de preo-cupação por parte das *véias* da minha família, mas não exatamente como algo que demandava alguma punição. Entretanto, parece que em certo sentido fazer o campo era viver em uma realidade em que o casamento poderia vir a ser um *costume* rejeitado, mas não a maternidade. Essa, por sua vez, se apresentava como um destino inescusável. Esse, parece ser o *costume* que eu não poderia ignorar de maneira nenhuma e frente ao qual era (e sou) constantemente cobrada.

A etnografia entre minhas parentes não se resumia a "conhecer", "entender", "interpretar", "compreender", ela implicava também em um modo particular de conectar-se com (e ser afetada por) conhecimentos, práticas, significados, categorias e expectativas frente a vida (ou negar-me a conectar-me). Como aponta Marcio Goldman (2005), não é necessa-riamente o estar lá por muito tempo que faria com que os interlocutores quisessem efetivamente dialogar com o pesquisador. Assim, apesar do tempo em campo ser importantem, ele não era garantidor de tudo.

Da mesma forma, eu não posso simplesmente fechar um campo e, se quiser, nunca mais voltar ou deixar, até certo ponto, deixar de ser tão afetada pela experiência-em-campo. A minha experiência-em-campo é uma experiência-em-processo-para-toda-a-vida, pois há uma relação de temporalidade distinta. O estar-lá de que fala criticamente James Clifford (2002) em termos da autoridade etnográfica implica em estar--lá-por-um-certo-tempo. Para mim esse "estar-lá", de certo modo, é por toda a *vida*. A temporalidade do meu campo, no processo de construção da minha autoridade etnográfica, tem decorrências e implicações espe-cíficas, mais perenes.

Com o passar das duas primeiras semanas em campo as visitas cessaram. Minha avó não saia de casa e só fazia visitas a outras duas vizinhas da rua. Chegava o momento de eu devolver as pessoas as visitas que me faziam e a primeira que fiz foi à minha tia Itamar. Escrevi uma mensagem no aplicativo WhatsApp para ela perguntando a que horas eu poderia visitá-la. Tia Itamar então me respondeu por áudio no WhatsApp da seguinte forma: "Oi Clara, bom dia! Tá tudo bem aí? Tá tudo em paz? Aqui comigo tá tudo bem. Seja bem-vinda! E quando você mandar (mensagem), você manda áudio. Tá bom, minha linda? Manda áudio. Eu sei que pra você acha que todo mundo sabe ler, mas aí você manda áudio. Tá bom? Fica com Deus. Tchau! Tchau!".

A sensação de quando eu ouvi esse áudio foi de extremo desconforto. Não queria ter deixado minha tia constrangida por ela não saber ler, ao mesmo tempo em que ela me informava que eu inferia que todos e todas que eu conhecia eram alfabetizados. Eu inferia que todos sabiam ler? Ela não estava errada... E essa constatação me deixou mais embaraçada ainda. A troca de números e, principalmente WhatsApp, era bastante comum em Canto do Buriti. Quando cheguei troquei o número do telefone com minha tia e mais para dentro do campo com muitas outras mulheres. No espaço acadêmico onde a escrita é a forma mais comum de comunicação (e-mails, monografias, dissertações, apresentações, slides), minha tia me mostrou que era hora de rever meu posicionamento e entender que nem todo mundo tinha acesso a essa forma de comunicação escrita. Isso revelava mais um posicionamento em relação a minha família. Nesse momento do campo eu ainda estava me familiarizando com tia Itamar e sequer fazia ideia que ela não sabia ler.

Após esse episódio continuamos trocando áudios diariamente e eu, que não gostava de falar ao telefone ou gravar áudio, aprendi a exercitar minha oralidade e também meus ouvidos. Tanto para comunicar o que eu queria dizer, quanto para entender o que queriam me contar e aprender que nem todos os mundos existentes e vividos passavam pela comunicação escrita. O tempo do áudio era outro, assim como o tempo da varanda. Era preciso não apenas aquecer minha voz, mas também meus ouvidos com áudios por minutos a dentro.

Depois dessa troca de áudios resolvi ir até a casa da tia Itamar para termos uma conversa. Estávamos na varanda da sua casa tentando refrescar o corpo. Sentamos em suas cadeiras de corda e começamos a conversar. Falamos sobre como ela saiu de Canto do Buriti e partiu para o *mundo* (São Paulo), sobre seus namoros e suas amigas. Seu retorno para Canto do Buriti completava apenas dois anos, sendo que ela havia desembarcado definitivamente na cidade em 2017, então muitas das suas *lembranças* ainda eram de São Paulo. Eis então que ela começou a contar sobre uma briga que ela teve com sua mãe, Rebinha (minha bisavó). Muitos outros familiares foram envolvidos. Minha bisavó acusava minha tia de tê-la chamado de prostituta. Tia Itamar jurava que nunca havia desrespeitado a mãe nesse nível, mas continuou:

> As meninas [minhas tias], sua mãe, não lembra. Talvez por conta que quando elas cresceram ela [Rebinha, sua mãe] já era junta com ele [Eliseu – cônjuge de Rebinha]. Então elas não se lembram dessa passagem. Então uma das coisas que eu falo... Poxa meu! Se não fosse a nossa tia Ana e minha avó que morreu, a gente teria morrido de fome! Teria morrido de fome! Porque quando a gente nasceu, a minha tia, eu, sua avó era mais velha, seu tio, fomos criados pela nossa tia. E ela [Rebinha, sua mãe] vivia por aí, arrumando um aqui, outro ali, outro acolá. Tanto é que a gente, todos nós, cada um tem um pai. Porque ela era prostituta!!! Não adianta querer cobrir o sol com a peneira e dizer que era uma dama, uma santa. Eu não sou assim, eu não sou fingida. Eu acho que se é, acabou. É claro que eu não vou cantar aos quatro ventos dizendo. Não vou, claro que não vou, mas era, vivia por aí como muitas mulheres. (Diário de campo, mar. 2019).

Estaria eu cantando aos quatro ventos com esse livro o que minha tia não ousaria fazer? Como minhas tias e minha mãe não sabiam dessa história? Ou melhor, não *lembravam*? Percebi nesse momento que eu não sabia absolutamente nada sobre a história da minha família materna. Meu trabalho de campo e a minha etnografia-entre-parentes como se percebe nesse trecho, também contribuíram significativamente para reescrever as minhas raízes, minha ancestralidade, a narrativa das *origens* da minha família. Com meu pai baiano e minha mãe piauiense migrando *moços* para trabalhar em São Paulo e lá me concebendo, eu mantinha muito pouco contato com meus familiares e, confesso, tampouco me preocupava em saber. Eu estava no (e havia sido *criada* pelo) *mundo*. Em Canto do Buriti eu não sabia o nome de quase nenhum parente e o grau de parentesco deles para comigo.

Chegando em casa e impactada com essa história pelo menos uma dúvida minha tinha sido sanada. Eu entendi porque minha avó era a única mulher de tez clara e cabelo loiro dentre seus irmãos negros, ao mesmo tempo que descobri porque, apesar do cabelo crespo, eu também herdara sua tez clara. Processando a história ao escrever o diário de campo eu precisava falar dessa história com alguém, mas com quem? Minha mãe, claro. Ela sempre fora minha confidente.

Peguei o telefone e disse que precisava conversar com ela. Ela percebeu que meu tom estava diferente e me perguntou logo o que estava acontecendo. Contei parte do que tia Itamar havia me relatado e sua primeira reação foi de negação. Após eu inserir outros elementos, como o fato da minha avó ser a única com a tez clara, ela ficou um pouco sem graça e estarrecida. Ao final da nossa conversa jantei com minha avó e fui dormir. No dia seguinte, conversando com minha avó eis que ela confirmou a história da minha tia Itamar e afirmava ainda que minha bisavó Rebinha "vivia no cabaré".

Fazer etnografia entre parentes acabou revolvendo o fundo do lago dos segredos de família. Eu estava tocando também em uma certa etiqueta do que contar, como contar e do que omitir. Estava mexendo com sensíveis máculas nas concepções morais da minha família. Confesso que esse era um limiar que em alguns momentos me atormentava. Um outro ponto sensível foi durante uma conversa entre eu, minha avó e minha tia Itamar. Nessa conversa, acabamos falando do meu falecido avô. Esse, sempre aparece nas *lembranças* de todas as filhas da minha avó e parentes como um homem calmo, sereno, trabalhador, bom e "respeitador". Entretanto, eis que ao longo da conversa acabamos parando no tópico fidelidade. Minha avô então disse: "Todo mundo acha que o Luis era um santo, mas só eu sei". Minha avó dava a entender que meu avô lhe foi infiel, mas que não iria se aprofundar em nenhum detalhe. Foi então que contando o episódio para minha mãe, mais uma vez a vi ficar abalada com o que lhe disse. Cinquenta anos depois eu mobilizava minha mãe a enxergar seu pai por um outro ângulo.

O que é dito em campo não é desprovido de sentido, mas segue o intuito de criar visões e perspectivas de uma realidade para quem se conta. Tia Itamar quando me contou sobre a bisa Rebinha estava se sentindo moralmente atacada por sua mãe com a discussão que tiveram e pelas mentiras que ela dizia que minha bisa estava espalhando sobre ela. Como sua fala mais acima revela, Rebinha não era chamada de "mãe" por minha tia ou por minha avó, pois carregava a mácula de não tê-las *criado*.

Do mesmo modo, minha avó estava se sentindo deslocada com as *lembranças* do falecido marido quase como um "santo", coisa que de acordo com seu relato não era necessariamente o que ocorreu. Isso, porque ela era sempre colocada com a "bruta", "impaciente" e "difícil" em oposição a meu avô e suas "qualidades". Quando fazemos pesquisa antropológica não estamos em busca de uma verdade, mas das diferentes versões de uma mesma história e dos diferentes pontos de vistas das interlocutoras sobre aquela mesma história. Mas eu sentia que precisa "saber", pois esse fato impactava e construía a história da nossa família e, por consequência, a minha própria história.

Na noite seguinte ao descobrir o "segredo" que tia Itamar me contou, ao falar com minha mãe novamente, ela me disse que tinha contado para minha tia Regina o que eu havia lhe dito sobre minha bisavó. Minha reação inicial foi ficar irritada, pois não sabia quais os impactos do que eu havia descoberto teriam sobre o restante dos meus parentes. Eu também estava tão impactada que me perguntava como poderia fazer uma etnografia com aquele misto de sentimentos, descobertas e dilemas. Eu tinha uma preocupação ética com os impactos imediatos do que eu viesse a descobrir para com minha pesquisa. Em determinado momento eu pensei que era melhor não ter descoberto nada, pois eu não sabia ainda o que fazer com todas essas histórias em termos etnográficos. E todo esse bloqueio em o que contar e para quem contar se enrolava em campo comigo, pois eu ainda estava imersa na divisão arbitrária entre parente e pesquisadora, entre "Eu" e os "Outros". Isso ficou explícito (para mim) agora que escrevo.

Caso descobrisse algo sobre minha família por alguma das minhas parentes eu teria reticências em contar a minha mãe ou as outras parentes? Certamente não, pois não estaria no que chamei de "modo pesquisadora", estaria apenas vivendo um cotidiano em família. As minhas preocupações éticas sobre o que eu viria a saber em relação ao que eu descobria sobre minha família não era diferente da que outros pesquisadores também mantinham para com os grupos pesquisados. Mas ora, era minha família! O peso de trazer à tona segredos desse tipo possuía consequências particulares sobre mim e sobre toda a rede de parentesco. Fazer circular tais descobertas poderia ter efeitos mais sérios e inesperados.

A minha reação inicial era a de que minha mãe não poderia ter contado para minha tia Regina, que consequentemente acabaria falando para outros familiares o que eu soube. Era como se eu precisasse que ela tivesse esperado que eu digerisse a história (ou que eu soubesse pelo menos o que fazer com ela) para só depois compartilhá-la com o restante da família. Penso que se eu tivesse em campo com não-parentes, talvez eu nem ao menos tivesse compartilhado a história com outros integrantes do grupo, pois os impactos da história poderiam ser diversos (incluindo o fechamento do campo para a antropóloga "fofoqueira"). Mas minha família não poderia fechar o campo para mim, não poderiam ignorar o que eu soube.

Esse incômodo também ocorria, pois tia Itamar me contou a história na condição de sobrinha, não na condição de pesquisadora. E porque minha reação condizia mais com alguém que havia escutado na condição de somente pesquisadora? É possível manter um mero interruptor de "*on*" e "*off*" entre os modos "parente" e "pesquisadora"? Percebo hoje que não. A tensão ética recaia o tempo todo sobre o contar e o fazer circular dentro e fora do círculo de parentes e os nossos segredos familiares. Era como se eu produzisse o tempo todo uma etnografia-sobre-o-fio-da-navalha, a partir do dilema de como lidar com a etiqueta familiar e a ética etnográfica. Há um dilema em publicizar esses segredos para além do âmbito familiar também, pois era como trazer o domingo de almoço da minha família para o meio da rua, para onde todos podem ter acesso e mexer também no que me é considerado íntimo.

Eu estava confiando na minha mãe como confidente e não em como alguém que também era impactada diretamente pela minha pesquisa. Ela enfaticamente respondeu: "Mas são nossas histórias de família. Elas [minhas tias] têm o direito de saber, Clara! Você fica falando como se não fosse da família!". Eram delas também essas histórias que vinham com a pesquisa, não eram apenas dados para uma pesquisa. De variadas maneiras, estávamos envolvidas e constituídas pelas mesmas malhas do parentesco e isso produzia uma relação específica entre os jogos de objetividade / subjetividade da minha relação com parentes em campo. A minha etnografia e suas descobertas estavam em algum nível reconfigurando a narrativa da minha família, reconstruindo perspectivas, histórias de famílias e as concepções sobre nossas *origens*.

Esses "segredos de família" viriam à tona sem minha pesquisa? É uma pergunta boba de se fazer, pois apenas conjecturas podem ser feitas e nenhuma resposta pode ser dada. Minha mãe colocava também minhas descobertas no plano do direito e do meu dever de não ocultá-las. Em muitos níveis eu não estava fora das descobertas inesperadas que fiz –

como alguns outros(as) antropólogos(as) talvez pudessem estar. De certo modo, nós estávamos sendo (re)constituídos em processo, a partir dos segredos que emergiram ao longo do campo e da refeitura da história familiar. Todos meus familiares tinham "direito" de saber o que eu viria a descobrir. Possuíam direito em relação as histórias, pois era da família deles que eu estava falando, não apenas da minha. Nossos interlocutores têm direito aos nossos dados de pesquisa? Quanto eles sabem sobre o que descobrimos em campo? Eles sabem dos nossos segredos? Eu possuía um compromisso enquanto pesquisadora, mas também enquanto parente. O que fazer com todas essas coisas?

Estar entre-mundos fazia com que eu nem me dissolvesse absolutamente na similitude/proximidade do "Nós" e nem que eu me associasse totalmente com a diferença do "Outro/Eles". Esse jogo dependeria das circunstâncias, de questões conjunturais e da instabilidade relacional das posicionalidades em campo e para além dele. Encarando que nossos textos são interpretações localizadas de acontecimentos que experienciamos com outras pessoas, apresentei aqui minha avó, minha tia e minha mãe como parentes-interlocutoras extremamente ativas em campo. Ouvi suas diferentes versões de uma mesma história e as vezes a mesma versão de uma mesma história. Minha mãe muitas vezes agiu como minha auxiliar de pesquisa. Ela sabia os laços de parentesco tanto das pessoas da família imediata como de algumas outras famílias da cidade, histórias que me antecediam, imprimiu as fotografias em Brasília e me enviou ainda em campo para que eu pudesse devolver para o grupo "Viver na Melhor Idade". Tomando o texto antropológico então como uma interpretação de realidades é plausível tomar a escrita como ficção não no sentido pejorativo do termo, mas sim de "ficções no sentido de que são "algo construído", "algo modelado" — o sentido original de fictício — não que sejam falsas, não-factuais ou apenas experimentos do pensamento" (Geertz, 2008 [1973], p. 25).

Entretanto, como nos alerta Gloria Anzaldúa (2000, p. 234): "não é no papel que você cria, mas no seu interior, nas vísceras e nos tecidos vivos" que a "escrita orgânica" atua". É preciso expor minha constante tentativa de entender e fazer sentido enquanto parente-pesquisadora. Eu não fazia apenas uma leitura do mundo ou uma interpretação de outras interpretações, mas também colocava nossa capacidade criativa enquanto parentes no papel, no momento em que eu escolhia o que expor, mostrar e deixar acessível a leitora última do nosso texto. Assim, o que mostrar e esconder etnograficamente pode ser muito bem comparado ao processo de pintar. Onde para conseguir definir o volume de um objeto é necessário valorizar tanto a intensidade da luz de forma correta, como da sombra.

Capítulo IV

"FAMÍLIA É COISA QUE RENDE!": UMA ANÁLISE DO CURSO DE VIDA DA AVÓ ANITA

Lembranças de Canto do Buriti e a capacidade de criar

> Humans are story-creating and story-telling animals. We live by stories, we remember by stories and we dream by stories. In a very real sense we domesticate this wild world of ours by narrative.

> (Reck, 1983, p. 8)

Pensando então a história (não a "História" com "H" maiúsculo, mas a — antiga palavra — "estória") como essa concepção não necessariamente linear do todo a partir do qual as pessoas em campo organizam sua forma de contar suas experiências, nesse capítulo será melhor explorado quem seriam as parentes e seus cursos de vida aos quais tanto me referi nos capítulos I, II e III. Nesse capítulo, mais especificamente, veremos minha avó Anita (Nita). Será discutido o processo das lembranças, algo que também foi apenas pincelado nos capítulos anteriores.

Como apontei na introdução, antes de entrar no programa de pós-graduação havia uma imprevisibilidade sobre o acesso as bolsas e ao cenário universitário e da pós graduação como um todo. Isso fez com que eu escolhesse a cidade de origem da minha família materna no momento de escrever um projeto e submeter a uma seleção. Entretanto, com a submissão do projeto e o ingresso no PPGAS-UFG tive acesso a bolsa da CAPES. Porém já havia uma expectativa compartilhada por minha família de que eu fosse para Canto do Buriti desenvolver uma pesquisa. Eis que me senti impelida a continuar com o campo, como programado, e isso resvalou na expectativa posterior de que eu levasse minha avó para a cidade, o que já foi apresentado e discutido no capítulo um.

Todavia, essas decisões fizeram com que a minha avó voltasse à sua casa comigo. Como tia Regina frisava, eu estava lá para "trabalhar", pesquisar, não para somente ficar descobrindo segredos sobre minha família. A intenção dos primeiros dias caiu por terra e o "ficar de olho" além de ser a forma de vigiar minha avó e informar as parentes dos acontecimentos, acabou resvalando em um "ficar de olho" em um sentido etnográfico com um intuito antropológico de pesquisa. Isso significava aguçar o meu olhar para enxergar além de uma parente, mas também visualizar as mesmas concomitantemente como interlocutoras etnográficas. O episódio do "banho" da minha avó, descrito no capítulo um, assim como o de eu não saber muito sobre a história da minha família materna ou até mesmo chegar ao ponto de achar que todas eram alfabetizadas, me fizeram perceber o quão eu necessitava me deslocar para outros contextos subjetivos e de pesquisa. Eu poderia averiguar similitudes que poderiam me auxiliar a compreender esse meu processo de "ficar de olho".

Nathan Virgílio (2018) também realizou uma investigação entre parentes, embora seu foco analítico repousasse sobre a "criação" de animais, mais especificamente dos "bichos brutos". Algumas similaridades com meu campo emergem em relação a essa pesquisa e precisam aqui ser levantadas. A que mais me interessa é a ideia que o autor levanta em relação a duas categorias especificas: "ajuda" e "lembrança". Essas, parecem ser categorias interconectadas e indissociáveis quando estamos falamos de parentes e pesquisa nos dois contextos de pesquisa. O autor, no caso, costumava "ajudar" os avós principalmente nas "pelejas" com as "criações" e em alguns afazeres cotidianos no interior do Ceará. No meu caso, eu "ficava de olho", *tomava de conta* da minha avó e realizava atividades domésticas.

Essas comparações entre esses dois contextos de pesquisa com parentes apontam para uma não dissociação arbitrária entre parentes e interlocutores. Assim como para as expectativas que recaiam para com a antropóloga-parente de que ela não estivesse ali apenas para pesquisar, mas também para contribuir como parente em relação as suas obrigações para com o grupo de parentesco. É por isso que minha pesquisa é feita a partir de *lembranças* que vão além dos diários de campo. *Lembranças* de antes do campo, *lembranças* no limite do campo, *lembranças* para além do campo. Pois são as *lembranças* que atravessam o que podemos chamar de nossas famílias, aqueles que são anteriores a nós, que compõe simbólica e factualmente o nosso corpo enquanto sujeito e pesquisador.

Lembranças que nos acompanharão para além de um campo localizado – o qual pode ser mudado ou até mesmo esquecido – que atravesaram nossa identidade, biografia, existência enquanto indivíduo e pessoa do grupo que fazemos parte. Como Certeau (1994) colocou, os indivíduos modificam um lugar em consonância com suas experiências prévias, histórias, mas é entre sua relação sujeito e mundo que acabam fazendo de um lugar, um "lugar praticado". Posso afirmar, que é a relação pesquisadora e parente-interlocutora em consonância com a constante reflexão a partir das experiências *mundo-origem* (e vice-versa) que fizeram das *lembranças* também um "lugar praticado" para a pesquisa.

E era a partir das *lembranças* enquanto "lugar praticado", que minha avó ou tia Itamar olhavam diretamente para um local, começava a "lembrar" e a contar como era esse local. Chamo esse momento de "remontar tempos". Jerome Bruner (1991) auxilia a pensar no processo de narrativa como um processo de vulnerabilidade tanto do interlocutor, quanto de quem pesquisa. Apesar das narrativas trabalharem no nível da imaginação, isso não significa que elas sejam necessariamente uma ficção como mentira ou farsa, pois o passado deve ser encarado como em constante reconstrução e reelaboração de histórias, textos e vidas. Se a narrativa é um momento de encontro em vulnerabilidade (e de vulnerabilidades), esse é um processo de multi-afetamentos em que as duas pessoas envolvidas (interlocutora e antropóloga) são transformadas e transformam em processo suas formas de contar. É por isso que trato as *lembranças* não apenas como artifício do contar, mas como narrativas que pensam uma *vida* em mudança. É por esse motivo que as *lembranças* são tomadas aqui como categorias êmicas.

Esse "remontar de tempos" trabalhava com a elaboração das *lembranças* que se mesclam em um mesmo tempo/espaço e não são tratados cronológica ou linearmente como passado, presente e futuro. Elas emergem da necessidade de organizar acontecimentos vividos e que só são contados porquê de alguma forma marcaram o corpo que conta. Quando minha avó narrava a *vida*, ela trazia à tona uma outra mulher que não cheguei a conhecer inteiramente. Uma mulher com autonomia, com bichos e o ímpeto de resolver conflitos, inclusive, por meio da força física. Não era essa mulher que eu via a minha frente (de algum modo tutelada por mim e as demais parentes mais jovens) sentada ali na varanda contando, mas era a mulher que eu imaginava e se reconstituía através do seu contar.

As pessoas, além de se reverem, se reimaginam e se juntam umas com as outras nesse momento de remontar narrativamente. A rigor, com o clássico trabalho de Eclésia Bosi (1994, p. 17) desenvolvido em São Paulo com interlocutores com mais de setenta anos, ela apontava que não havia como ignorar o tratamento da memória como "fenômeno social". Não deixando escapar a compreensão de quem estuda memórias e *lembranças*, que as mesmas que emergem de um indivíduo estão demarcadas por todo um contexto relacional e localizado com "a família, com a classe social, com a escola, com a Igreja, com a profissão; enfim, com os grupos de convívio e os grupos de referência peculiares a esse indivíduo".

Memória e *lembranças* não são, entretanto, coisas que aqui se confundem. A *lembrança* aqui levantada foge de todo um aparato atrelado aos estudos da psicologia, neurologia, biomédico e se calça muito mais como processo narrativo sobre a *vida* e o universo social. É importante apontar que as *lembranças* também são artifícios de organizar um mundo pela oralidade. Contar e recontar as *lembranças* é inclusive uma estratégia utilizada para não esquecê-las e assim estruturar os acontecimentos e tempos que atravessam a *vida*. A *vida*, enquanto categoria êmica, não se refere apenas a uma existência, a *vida* pode ser compreendida como a responsável por delimitar a existência de uma pessoa até aquele momento. As *lembranças*, a *vida* e a "remontagem de tempos" são categorias interconectadas narrativamente e são ferramentas para organizar o tempo.

É usando esse processo que minha avó também viu as crianças da rua crescerem. Ela viu o Raimundo, o dono da Oficina, de *minino,* virar referência na região para o conserto de carros, caminhões e ônibus. O mesmo ocorreu com o Vitor, filho da sua vizinha de frente, que dava tanto "trabalho" para sua mãe. "Ele sempre foi custoso assim. Antigamente tinha medo de mim, hoje sou eu que tenho medo dele", disse minha avó. A preocupação com o que era narrado não é acompanhado necessariamente de uma pretensão de verdade, mas sim de verossimilhança, já que muitas versões de uma mesma *lembrança* podiam ser contadas por diversos ângulos e com a modificação de alguma coisa ou outra. Percebi que minha avó contava às vezes a mesma história várias vezes e isso não por algum problema cognitivo. Eram *lembranças* que mostravam uma Anita "valente", com "fogo", cheia de agência.

Se na perspectiva de Ingold (2015) a antropologia é capaz de comparar e colocar sob perspectiva crítica as formas de viver, isso resvala em levar as pessoas a sério. Não pesquisamos apenas *as* pessoas, mas pesquisamos *com* as pessoas. Isso não quer dizer apenas colocar o pesquisador na condição de aprendiz em campo, mas fazer com o que o que ele aprende em campo também modifique sua compreensão filosófica sobre o mundo. A antropologia pode ser colocada então como disciplina que abre margem para pensar a condição de aprender e ensinar em grandes escalas. Nesse sentido, afirmo que eu não pesquisava e escrevia apenas *as* lembranças, mas também *com* as lembranças. Pois elas viravam histórias que poderiam ser congeladas em cenas específicas que atravessavam a experiência de estar em campo. Elas ganhavam vida para além de quem narrava, mas também ganhavam agência para além de quem ouvia e para além de quem escrevia.

A casa da Aparecida (mãe de Vitor e vizinha de frente da minha avó) é uma das casas que não tem um muro ou alguma barreira física na frente. Carlos e Marcos, seus filhos, têm na rua o seu próprio quintal onde passam o dia e só entravam em casa para as refeições, banhos e descanso. Entretanto, há famílias que não *criam* mais os filhos na rua, pois os muros não estão sendo erguidos a esmo ou por uma questão meramente estética. É outra preocupação que começava a rondar essas famílias. Dentre elas "os moleques", o "bandido em cima do morro", "você vê aquele montinho na esquina e não é outra coisa não...", "antes era difícil, agora você vê criança, minino deste tamanho...", "chega o progresso, chega a bandidagem". Há então um amontoado de novos elementos que não existiam nas *lembranças* de antigamente passando a operar nesse contexto e paisagem narrativa.

O tráfico, roubo as casas, assaltos, elementos que eram vistos apenas como pertencentes a cidades como Brasília e São Paulo, moviam-se para as ruas de Canto do Buriti. Quando as paisagens antes existentes passavam a não figurar mais no tempo presente, mas apenas nas *lembranças*, quando pessoas morriam, quando objetos deixam de existir, quando esses fenômenos supracitados antes considerados urbanos passavam a atravessar aquelas pessoas (como minha avó) o que ficava? O que ficava e ajudava as pessoas a organizarem as narrativas eram sobretudo as *lembranças* de como a *vida* era e como veio a ser.

A rua, era o espaço onde as relações próximas eram dadas, onde as histórias eram contadas, onde os problemas eram conhecidos, onde era possível escutar antes de meio dia quais panelas estavam "chiando" e quais panelas não tinham o que colocar dentro para que chiassem. A rua era o espaço onde as crianças são vistas crescendo. Com os muros sendo erguidos, os bichos foram sumindo da paisagem. Porém as *surras* em mulheres da rua permaneceram e violências outras como os "bandidos" foram emergindo. Ademais, as crianças estavam sendo *criadas* e as mulheres ainda estavam *tomando de conta*.

As mulheres, nesse sentido, estão *criando mininos* e *meninas*, *moças* e *moços* (como apresentei no capítulo dois), casas, maridos, *lembranças*, afetos, saberes e novas paisagens. Minha avó veio a ficar *empesteada*[29] e por isso passou a evitar ao máximo as confusões que na rua ocorriam. Se você não fala de algumas pessoas, lugares, coisas, *lembranças*, elas são tão "esquecidas" quanto não-lembradas apesar de ainda existirem. Se você não vive um lugar, pessoas e coisas, "perde o *costume*" e você pode até saber, mas não *lembra*. Como disse minha avó após não conseguir *lembrar*, "escapou". *Lembranças* também eram capazes de "escapar". Escutamos as *lembranças*, colocamos as *lembranças* no papel onde mesclamos com as nossas *lembranças* com os parentes que precediam o tempo arbitrário de campo. Minhas parentes-interlocutoras ao *lembrarem* tanto durante o campo quando depois dele, me colocavam e colocavam a pesquisa dentro das tramas de relações de "ajuda" referentes ao parentesco.

A ideia de "ajuda" entra então como uma alavanca para pensar as relações de reciprocidade e relações de *criação* e "ajudas" que ocorriam entre eu e minhas parentes-interlocutoras. Minha avó *criou* minha mãe, tia Itamar também *criou* minha mãe, minha mãe me *criou*. Eram mulheres *criando* mulheres, *criando* ajudas mútuas entres elas e ajudando — quem diria? — também a *criar* e fazer uma etnografia. É com essa perspectiva que o parentesco pode ser pensado como constituído e atravessado por tempos, distâncias e fluxos. Com Carsten (2014, p. 115) é possível perceber como a temporalidade "nos convida a ver como parentesco é um processo inerentemente graduado; pensar sobre tempo e parentesco é também pensar em termos de mais ou menos, permitindo maneiras de entender como o parentesco se acumula ou dissolve ao longo do tempo".

Foi com fluxos entre *origem* e *mundo* que minha família e parentes (inclusive eu) experimentamos por vezes o processo de "espessamento" das relações de parentesco, por vezes o processo de "diluição" desses mesmos laços. Isso opera, por exemplo, na mudança da minha família nuclear (minha mãe, meu pai e eu) para Caldas Novas (GO) ainda na minha infância. Lá permanecemos por dez anos e é um tempo lembrado por minha mãe sempre como período em que ela estava "distante", "sozinha" e "apagada". Eram palavras que ela usava para se referir ao tempo

---

[29] "Empesteada" é uma expressão empregada aqui para dizer que está cheia de doenças.

de afastamento do próprio grupo de parentesco e "diluição" desses laços. Dez anos depois, após mudar para perto da minha tia Regina, minha mãe passou a ter mais contato com a família e seus parentes. Ocorreu então o "espessamento" das relações de parentesco e o contato com suas irmãs, tias e mãe (vó Nita) passou a ser quase que diário.

A data do nascimento da minha avó, descobri depois, era um pouco imprecisa. De acordo com a bisa Rebinha: "No tempo antigo não tinha isso de registrar *minino*, só depois que isso apareceu". Quando apareceu essa necessidade de registrar oficialmente seus filhos as datas eram marcadas, como colocou tia Itamar em uma conversa, de acordo com as datas dos festejos, dos casamentos, das mortes de pessoas importantes. A fala de minha bisavó mostrava que o processo de cronologização do curso da vida aos moldes ocidentais, de que fala Debert (1999), no caso de Canto do Buriti, é um processo relativamente recente. "Fulano nasceu perto do novo padre que chegou, o outro foi quando o compadre morreu. Era assim! Teve uma mulher que esperou ter todos os filhos e só depois colocou tudo na caçamba de um caminhão e levou pra registrar", contou minha tia Itamar aos risos. Eram os eventos que delimitavam o tempo da *vida*, não necessariamente uma cronologização ditada pela regulação do Estado ou pelo ponteiro do relógio.

Minha avó, por exemplo, não sabia algumas vezes em que ano estávamos ou qual era o dia da semana. Eu achava eu que era por alguma confusão ou não-percepção do tempo, mas ela sabia que o "tempo de plantar chegou, já já vem a chuva das mangas". Não era à toa que ela olhava para o céu e via o "juntar" das nuvens. Eu, muito sabida, apontava que havia olhado a previsão do tempo e que naquela semana o site de meteorologia apontava que não iria chover. Ela, pacientemente olhava para o céu e me respondia: "O tempo é de Deus, só ele sabe." Era outro tempo que povoava a *vida* da minha avó e esses tempos emergiam nas narrativas que eu não sabia e não havia vivido. Suas experiências de *vida* me escapavam. O meu tempo, em termos gerais, me parecia regido pelos ponteiros do relógio metálico e imperativo. Todas as narrativas da minha avó passavam e estavam ligadas as suas casas. Eram três as casas que povoavam o seu tempo de *vida*: a "Casa do Pé do Morro", a "Casa lá de Baixo" e "Essa Casa Aqui".

A *lembrança* e o *lembrar* parece ser uma forma de evocação como fenômeno localizado, elas são feitas e refeitas no momento de contar histórias (e acrescento como sendo também esquecidas), como expositoras da *vida*, como organizadoras do cotidiano e como sendo registradas a cada vez em que são contadas. É preciso levar as *lembranças* à sério. Elas são as que ajudarão a remontar o contar de uma *vida* durante o tempo da pesquisa, seção que apresentarei a seguir. A partir dos deslocamentos ao longo da vida da minha avó pelas casas em que viveu, foi possível compreender como temas levantados até agora operavam em conjunto e simultaneamente. Como o curso da vida produziu *lembranças*, como as *lembranças* organizavam a *vida*, como juntas axiliavam na *criação* de um saber-*criar*. As *lembraças,* como postas até aqui, são construtoras também das narrativas do curso de vida. As narrativas da minha avó Anita não apresentavam os marcos de transição tradicionais (infância, adolescência, vida adulta, meia idade...), mas eram guiadas sobretudo pelas *lembranças* que ela mantinha das casas que já teve e dos acontecimentos que lá se densenrolaram, como veremos a seguir.

Casa do Pé do Morro

A Casa do Pé do Morro era a casa na qual ocorreu toda a narrativa da minha avó de "mais moça". Foi sua primeira casa, casa em que nasceu sua primeira *filha-mulher* (minha tia Alaide), a casa que ela e seu marido construíram, a casa de taipa. As narrativas de antes do casamento raramente emergiam e esse parecia ser um dos marcos mais importante da sua trajetória. Isso demarcava o que discuti no capítulo III sobre como o casamento, a reprodução e a formação de uma nova família eram cruciais dentro das concepções locais sobre o curso da vida. Além disso, minha avó também não narrava a si no período em que poderíamos compreender ou chamar de "infância". Afirmou, entretanto, apenas uma vez, que: "vó botava a gente pra trabalhar, carregar aquelas latas, faltava dormir em pé". Foi uma das poucas referências que ela fez quando perguntei como havia sido sua infância. A outra foi durante um diálogo com tia Itamar.

> Tia Itamar: A gente pequenininho pegava demais na enxada. Nita levou cabo de enxada demais de vó na cara. Não gostava de trabalhar na roça.
>
> Vó Nita: Não gostava mesmo não. Trabalhava porque não tinha jeito.
>
> (Diário de Campo, abr. 2019).

Considerando as falas de minha avó e minha tia foi possível afirmar, assim como Ariés (1981), que elas mesmas talvez não tenham vivido um "sentimento de infância" quando pequenas. O trabalho em suas narrativas é uma espécie de valor moral que atravessa toda a *vida* da minha avó e também a *criação* dos seus filhos. Esse aspecto do trabalho como valor moralizante e estruturante dessa família, entretanto, será melhor abordado no quinto capítulo. É o casamento com meu avô em 1964, que ganha força enquanto marco biográfico quando minha avó conta sobre a Casa do Pé do Morro.

Não é por acaso que as casas eram o pano de fundo para as marcações do tempo que não eram feitas por relógio, calendário, mas sim pelo céu e por outros fatos significativos e marcantes que se destacavam do cotidiano. As casas eram onde os filhos iam nascendo, onde as refeições eram feitas, onde os produtos que seriam vendidos ou trocados eram estocados. Tinha todo um conflito antes do casamento da minha avó, pois a mãe do meu avô Luis não concordava com a união. Sentada na varanda minha avó confessou que: "A véia (se referindo a sua sogra e minha bisavó paterna) não gostava de mim, não queria de jeito nenhum o casamento. Todas duas (sua mãe Rebinha e sogra) morava no cabaré. Foi por lá que brigaram. Deve ter sido por modo de macho. Terminou que morei na casa dela. Aprendi a gostar dela do meio pro fim".

Meu avô trabalhou como "broqueiro", ou seja, homens que à época despendiam sua força de trabalho para derrubar árvores e limpar terrenos para que futuras estradas pudessem passar. Alguns elementos foram trazidos à tona por tia Itamar para matizar a relação conflituosa que meu avô possuía com minha bisavó paterna e o desgosto dessa última para com o casamento. Meu avô, de acordo com ela, era seu *filho-homem* mais velho, mais querido, dedicado à mãe e que "botava dinheiro dentro de casa". Com esse filho constituindo uma nova família, menos bens entrariam na antiga casa e seriam alocados para a nova família. Resolvido esse conflito inicial no estabelecimento de uma nova família nuclear, minha avó com sua *filha-mulher* e seu marido foram para essa primeira casa: "Quando eu me mudei não tinha uma porta. Tudo no aberto. Vivia todo mundo junto num aperreio. Quando começou a colocar a primeira telha eu me mudei pra dentro. Piso, não tinha. Era tudo na areia. Nunca aconteceu nada disso. Aqui nunca tinha acontecido".

O acontecido ao qual ela se referia era um assalto a sua terceira casa e na qual ficamos ao longo da nossa estadia em campo. Olhei para ela e vi seus olhos lagrimejarem. Pouco depois vi que ela estava chorando. Eu fiquei meio sem saber o que fazer e tentei confortá-la com algumas palavras. O assunto foi trazido a tona por mim, pois antes do campo a casa havia sido invadida e muitos objetos, eletrodomésticos e itens pessoais da minha avó tinham sido levados. Em uma tentativa de não perturbá-la, houve um consenso da família em não comunicar a ela o corrido. Isso demonstrava também como minha avó havia perdido autonomia sobre as decisões que cercavam sua *vida*. Era estipulado pelas minhas tias e minha mãe quais informações chegariam a ela e quais não chegariam. Eram elas as responsáveis por filtrar e delimitar o que minha avó viria a saber sobre suas propriedades. Voltando a sua casa comigo minha avó começou a dar falta de panelas, conjuntos de lençóis que suas filhas sempre traziam de São Paulo quando a visitavam, xícaras e outros bens. Comuniquei a minha mãe e tias que eu não mais poderia omitir o assalto a sua casa. Ao *cair pra idade* há uma constante perda de autonomia em relação as decisões que cercam a sua *vida*, pelo menos no caso da minha avó. Todos seus bens, dinheiro e onde moraria, eram decisões tomadas por outras pessoas, principalmente por suas *filhas-mulher*, já que os *filhos-homens* se ausentavam desse espaço de decisão em relação ao *tomar de conta*.

Colocando em prisma os acontecimentos até agora vimos sua passagem de uma *moça* começando a construir sua família. Ao mesmo tempo vislumbramos que a tutela familiar em relação a *vida* da minha avó começou a ocorrer com ênfase quando minhas tias tiveram que *tomar de conta*, como já foi anteriormente colocado. Já o período de sua *vida* ainda muito "pequenininha" era lembrado como sendo atrelado ao cabo da enxada. Havia uma ausência de escolas ou ensino básico em sua narrativa. Eram os *aperreios*[30] que compunham uma *vida* muito pobre e que em alguns momentos beiravam a falta da comida. Mas a preocupação com falta de alimentos e oportunidades para consigo passava, após sair do "cabo da enxada", para a falta que poderia vir a acomete seus filhos e filhas.

A Casa Lá de Baixo

A Casa Lá de Baixo foi a segunda casa da minha avó, onde todos seus outros seis filhos e filhas nasceram. Tia Alaide foi a única que nasceu na Casa do Pé do Morro. A Casa Lá de Baixo ficava bem próxima ao centro e

---

[30] *Aperreio* nesse contexto é lido como dificuldades, problemas, preocupações.

era repleta de outras histórias com sua sogra. Foi essa último quem deu metade do terreno do seu lote para que meu avô construísse a casa ao lado da dela. Dividiam assim o mesmo quintal. Nora (minha bisavó paterna) era carvoeira, lavava e passava roupas para fora, "tratava fato"[31] e depois dos 50 anos acabou perdendo a visão por ter uma catarata mal tratada e não ter realizado o "repouso que tinha que fazer", segundo minha mãe. Por conseguinte, viver no "meio da fumaça" fez com que sua visão piorasse gradativamente. Ademais, bisa Nora tinha três filhos mais novos sendo eles a tia Mundinha, o Neguim e tia Gonçala. A bisa Nora é um bom exemplo de como houve uma gradual mudança dos postos de trabalhos da sua geração para a minha. Ela era carvoeira, meu avô broqueiro, minha mãe empregada doméstica e diarista e eu acabei tendo acesso a universidade. Tudo isso também é parte do processo de migração da família da *origem* para o *mundo*. O contexto da metrópole oferecia outras oportunidades tanto em relação a postos de trabalho, quando a educação e alimentação em relação as condições vigentes à época do meu avô e bisavós.

Mas antes de terem essa casa com o terreno cedido por minha bisa Nora, minha avó morou na casa da sua sogra com todos seus cunhados. Ela narrava esse tempo como uma época de muito conflito com sua cunhada Gonçala: "Passei um bocado de tempo intrigada com Gonçala. Morava eu, Gonçala, os filhos dela, o Ciço marido dela. Tudo ela botava defeito em mim. Era uma perseguição". Esse tempo de conflito com os parentes do seu marido também era regido por um cenário de outros sofrimentos. Em um dia de abril de 2019 após almoçar com minha avó fomos tomar café. Ela puxou uma cadeira e sentou próxima a porta dos fundos. Contei para ela que a tia Itamar e a Rosa compravam água potável na distribuidora e me recomendaram o mesmo. Minha avó então começou a contar:

> A seca de 70 só Deus no céu que salvou a gente do sofrimento. A vida é boa pra quem não sofreu e nunca passou nada. Cada um sabe a vida que viveu. Sem água não passa. Nunca vi ninguém morrer porque bebeu água, agora já sem água... Antigamente não tinha nem onde comprar, tinha que ir no poço pedir. Tinha que ir com a lata na cabeça e pedir. Agora tem isso... Em 70 meu marido foi trabalhar em São João. Cavando terra, abrindo estrada na mata, sofrendo que só um condenado. E eu aqui com os mininos me lascando.

---

[31] Ia para o curral da cidade pegar os miúdos dos animais para limpar, tratar e preparar para o consumo que poderia resultar em, por exemplo, uma buchada. Buchada de bode, ou simplesmente buchada, é um prato típico da região Nordeste do Brasil.

Aí demorou uns dias que não mandava nada, não tinha recebido ainda. E o bicho aqui pegando com os mininos. Analice era maiorzinha, Regina era pequena. Ele sem mandar e eu sem saber porque. Nunca tinha andado no mundo. Só sabia aqui. Minha sogra disse "vem pra cá". Aí tinha um quartinho na casa, lá pro muro. Era pequenininho. Que ela também não tinha, mas ela era trabalhadeira. "O que eu pegar a gente come junto". Era casinha de taipa. Nesse tempo era de taipa. Tudo de diferente. Não tinha rua, mato de um lado e do outro. Foi indo, foi indo. Foi aperreando, fiquei sofrendo muito na casa. Tiveram um povo morando lá e fizeram uma casa de barro, mas não era telha. Era uns baguio por cima e jogava barro por cima. Aí fui pra casa da minha sogra. Era ruim porque viver em casa dos outros... era de taipa, mas grandona. Lá foi Gonçala e os filhos pra dentro da casa também. Gonçala deu um tapa na minha cara. "Você não tem casa" ela falou pra mim. "E você não tem também". "Tá dentro da casa da minha mãe". A véia (sogra) viu e disse pra ela (Gonçala) "E você também não tá? "Ela me humilhava demais". (Diário de Campo, mar. 2019).

A seca de 1970 foi o que fez com que minha bisavó tivesse que compartilhar a casa com a família do seu filho e a da sua filha e é sempre lembrada como um momento de muita escassez — como o momento em que estavam muito próximos da fome e em que os homens tinham que ir para *o mundo* tentar arrumar alguma renda. Nesse *mundo*, faziam o necessário para angariar algum dinheiro para enviar a família na *origem*. As mulheres, ficavam em casa com os filhos e também buscavam pequenos serviços que pudessem realizar as famílias mais abastadas da cidade. Serviços esses que não eram apenas realizados em troca de dinheiro, mas também de alimento.

Luis, meu avô materno, era quem ia para o *mundo*. Já minha avó a que ficava com os filhos. Ele, o "condenado". Ela, a que ficava se "lascando". "Sofrer" entra então como um atributo muito ligado a falta generalizada. Se seu marido "sofreu" por ir, ela "sofria" por ficar. Entendo agora porque sua narração de falta surge juntamente com a minha pergunta acerca se devíamos comprar água da distribuidora, como comentou Rosa e tia Itamar. A geração da minha avó estava circunscrita por uma experiência de pobreza. Tia Itamar e Rosa, mulheres que foram para *o mundo*, criaram outras representações acerca do que seria a falta, assim como eu. Consequentemente, as interpretações ligadas ao que era lido como essencial ou não, variavam consideravelmente de geração para geração. Ter água encanada e não precisar então "carregar lata na cabeça por léguas e léguas" era um dos parâmetros que guiava minha avó na reconstrução narrativa e consideração do que seria imprescindível e do seria "besteira".

A seca de 1970 também foi o motivo para que minha avó deixasse A Casa de Cima do Morro. Os conflitos parentais emergiam e minha bisavó paterna aparecia como a figura que tentava administrá-los. Da mesma forma, a casa virava espaço de partilha de comida onde minha avó aprendeu a conviver e "respeitar" minha bisa Nora. Minha avó afirmava ainda que quando meu avô viajava, assim que voltava, sua cunhada Gonçala afirmava que ela tinha "outros homens". "Minha sorte foi que Luis nunca acreditou", disse minha avó. O alívio era justificado. Um fato comum e perturbador na cidade era a constante *surra* que as mulheres levavam. Enquanto dormia na casa da minha avó, por vezes eu acordava com mulheres gritando noite a fora na cidade que era muito silenciosa após o cair do sol.

Quando a manhã vinha, as notícias chegavam também de quais casas os gritos haviam partido, quem apaziguou as *surras*, as lesões e os envolvidos, como me contou uma vizinha após uma noite em que ouvi uma criança à longe gritar: "Para papai! Para papai! Você vai matar minha mãe!". O difícil da minha posição é que não havia como eu intervir, ligar para a delegacia (que inclusive não funcionava aos fins de semana) ou chamar alguém, pois os conflitos e violências dessa ordem ainda eram resolvidos "em família".

Pela manhã, logo após o episódio, falei com uma vizinha e ela disse que escutou a mesma briga na noite anterior. Ela contou que a briga era próxima a rua dela e que o homem que bateu na mulher morava em São Paulo e já tinha sido abandonado por uma esposa lá. Essa esposa foi embora e deixou ele com quatro filhos. Pouco depois os quatro filhos abandonaram ele também, "não aguentaram", afirmou ela. Ele seguiu para Canto do Buriti e casou novamente. A mulher que apanhou na noite anterior era sua esposa. A criança gritando, sua filha:

> Ele bebeu e quebrou tudo. Um filho que mora lá dentro segurou ele. Senão tinha sido pior. Mora um véi que tá noventa anos numa cama que é pai dele. Uma senhorinha que é mãe dela correu pra acudir e caiu, a coitada. Fiquei com dó da menininha gritando e pedindo socorro. Domingo o povo fecha a casa cedo. Ninguém abriu as portas. (Diário de Campo, abr. 2019).

Mais tarde me confessou uma outra vizinha da rua da minha avó que a mulher *surrada* foi vista enterrando as facas que estavam em sua casa na areia enquanto o marido saiu. De acordo com ela, a mulher deveria estar "com medo de ser furada, né. Quando ele chegou continuou batendo nela até os véi chegar". Se minha bisavó Nora era quem administrava os conflitos em sua casa em 1970, eram os pais com mais de 90 anos desse homem que *surrava* a esposa que faziam a contenção da violência nessa família e por eles foram também afetados. Nesse caso, com a queda de um deles. Os *véis* e *véias* além de serem provedores com parte considerável da renda das famílias em Canto do Buriti a partir de suas aposentadorias, já que eram poucos os postos de serviço remunerados na cidade, atuavam também como figuras conciliadoras, apaziguadoras e administradoras dos conflitos familiares. Em outros casos que serão contados mais a frente, são o centro de todo conflito que advém de uma família.

Eu também não havia aberto minhas portas e como afirmei, eram parentes próximos ou imediatos que costumavam tentar resolver e apaziguar (e muitas vezes abafava) essas *surras*. O alívio da minha avó era resguardado por seu marido a mais de 50 anos atrás não "dar ouvidos" para a sua cunhada, mas como me confessou, havia uma grande preocupação com os "mexericos". Esses, eram capazes de destruir a reputação de uma mulher e fazer com que ela fosse banida da cidade, como ocorreu com tia Itamar – essa história será contada no próximo capítulo. Minha avó ansiava por uma casa que pudesse ser sua, longe da cunhada e dos "mexericos". Ainda durante a pesquisa em Canto do Buriti as mulheres mantinham uma preocupação grande com o que agora chamavam de "boatos". Os "boatos" em uma cidade tão pequena como essa ainda são extremamente perigosos, principalmente para as mulheres.

Após a construção da casa da minha avó de taipa ao lado da casa da minha bisa, ainda assim compartilhavam o mesmo quintal, que foi dividido por uma cerca. Os conflitos eram mediados por essa cerca que delimitava o espaço da minha avó e sua família. Ela relatava que algumas discussões com sua sogra ficaram mais espaçadas, mas não cessaram, até que um dia:

> Essa véia (sua sogra) me encheu o saco. Nesse tempo eu já morava na minha casa. Não tinha muro como hoje, era de cerca no quintal. Tinha uma cerca de madeira. Pra não ser obrigado a ir pela frente, foi aberto um buraco pela cerca. Nós discutimos. Ela do lado do muro dela e eu do meu.

> Nesse dia eu tava do meu lado e ela tava do lado do muro dela. Dei um tapa nessa véia. Mas morro negando que não aconteceu. Luizim tava trabalhando esse dia. (Diário de Campo, maio 2019).

Os conflitos descambavam em uma violência intergeracional que além de verbal também era física, como afirmou minha avó. Como aponta Alba Britto de Motta (2010), o conceito de geração é delimitado pela socialização no "tempo". Quando uma mulher *cai pra idade*, muitos tipos de violência a acompanham e passam a ser exercidas principalmente por parentes próximos como filhos, filhas, netos e netas. Como elas compartilhavam o mesmo quintal, minha mãe lembrou que sempre que minha avó ia surrá-los, se eles conseguissem adentrar a casa da avó (e minha bisavó Nora), estariam seguros e protegidos da *surra*. Bisa Nora, de acordo com minha mãe, não deixava que minha avó realizasse seu intuito de surrá-los. Ocorria um embate sobre quem poderia exercer autoridade, que era reconhecida por intermédio da delimitação de quem poderia *surrar* esses *mininos e meninas*. Tudo isso gerava mais conflitos.

Escrevendo esse texto e compartilhando trechos com minha mãe, novas leituras dos eventos foram sendo feitas pela lente dela que fora aquela *menina* crescendo em meio as duas mulheres. Ela disse que não compreendia por que minha avó sempre foi tão impaciente com os filhos e filhas, ou porque sempre resolvia os conflitos com *surras*. Ela então releu os fatos não mais com a lente (apenas) da "ruindade" da minha avó, mas colocou em foco uma mulher que tinha oito filhos para *criar* e que muitas vezes estava à beira da fome. "Tudo o que mãe ganhava, todo pouco que ela conseguia ou vendia era para a gente comer", disse minha mãe. O que poderia ser lido como violência, foi sendo matizado e relativizado com outros aspectos do contexto com o tempo.

Em 1986 minha mãe já havia ido para São Paulo, assim como tia Alaide e tia Raimunda. Outros *filhos-homem* como tio Reginaldo e tio Luizinho ainda moravam com minha avó nessa Casa Lá de Baixo. Nesse ínterim, minha avó "pegou pra criar" dois *mininos* e um filho seu morreu afogado em um poço, meu tio Toim. "Ele era especial, o Toim. Foi pro poço brincar com outros mininos e não voltou. Luis foi no poço atrás dele e entrou. No que ele voltou trouxe o corpo do meu filho junto. Essa é uma dor que não desejo pro meu pior inimigo". Um dos *mininos* adotados morreu ainda muito pequeno e o que sobreviveu foi o tio Marcim.

Filhos que morreram, vizinhos que mudaram, parentes que faleceram ou se suicidaram[32]. Virar uma pessoa *de idade* também era assistir pessoas com quem houve convívio por toda uma *vida* falecerem, é acompanhar outros cursos de vida terminando e nisso, há a necessidade de aprender a "viver com a dor", como colocou minha avó. Os filhos que vão nascendo também são marcos referenciais, minha avó afirma que todos seus filhos e filhas foram "pegadas" por sua tia Ana Bodeira, irmã da minha bisavó materna Rebinha. Na *vida*, as experiências vão sendo encaradas e revisitadas nessas *lembranças*, que como minha avó mesmo ressaltava, as vezes não sabia "de onde veio", mas que ficavam encarnadas de alguma forma.

Essa Casa lá de baixo, inclusive, fazia uma *lembrança* surgir com muita força na minha avó. Ela a narrou diversas vezes. E foi esse novo momento de ruptura em sua biografia que fez com que ela mudasse e fosse para a casa que habitamos em campo. Ela emergia, como tantas outras, na varanda. Foi logo após uma das visitas da minha tia Gonçala (sua cunhada), com a qual teve muitos conflitos. Essa última já estava nos seus 60 e tantos anos, era quem *tomava de conta* do irmão do meu avô (e cunhado da minha avó), o Neguim. Esse, nunca foi nominado por minha mãe ou tias como "parente". Eu o vi apenas uma vez quando passei em frente à casa da tia Gonçala. Essa não nominação como parente havia sido justificada em campo. Ele habitava um quarto todo cercado de grades na casa da tia Gonçala. Ela *caiu pra idade tomando de conta* do irmão que também já estava *véi*, mas além de *véi* era considerado por muitos como "doido". Essa loucura era questionada por algumas das minhas tias, mas essa era a leitura oficial das pessoas da cidade.

Foi então que após essa visita da tia Gonçala minha vó me contou: "ele me furou. Quase me matou. Me deu sete furadas. Quase me matou. Nós nunca tinha brigado. Ele tinha ciúmes do Luis porque a mãe dele cuidava mais do meu marido do que dele". Tia Itamar afirmava também que sempre houve ciúmes do Neguim para com Luis, meu avô. Esse sentimento, segundo tia Itamar, era motivado por meu avô ser o *filho-homem* mais velho e o provedor da casa em conjunto com minha bisavó Nora.

---

[32] Enquanto eu estava na cidade duas pessoas se suicidaram e as histórias sobre suicídios que ocorreram anteriormente também circulavam entre minhas parentes. Me informando depois, descobri que a taxa de mortalidade por suicídio no Piauí é quase o dobro do índice nacional. Disponível em: https://g1.globo.com/pi/piaui/noticia/2019/09/10/taxa-de-mortalidade-por-suicidio-no-piaui-e-quase-o-dobro-do-indice-nacional-saiba-como-buscar-ajuda.ghtml. Acesso em: 13 jun. 2020.

Ela afirma que o "ciúme" se agravou quando minha bisavó resolveu dar o terreno ao lado da sua casa para que meu avô construísse a sua casa (o que viria a ser a Casa Lá de Baixo) para viver com sua família. Nesse momento, minha avó abaixou a blusa e me mostrou as cicatrizes do lado esquerdo do peito. Eram vários riscos lisos que cobriam sua pele enrugada:

> A facada foi lá na casa de baixo. A véia Nora (sua sogra e minha bisavó paterna) era cega, mas fazia de tudo. Eu não pensei que ele fosse fazer isso comigo. Tava lá em casa e ouvi os gritos da véia e fui ver o que tava acontecendo. Chegando lá ele tava agarrado com ela pelos braços. Queria dinheiro. Já era bruto, mas não era doido. E a véia gritando. Sai da minha casa e fui ver. Vi aquilo e falei: "Rapaz, não faz isso com sua mãe, não". Na casa tinha uma faca da véia Nora de cortar sabão. Que ela fazia sabão ainda pra vender, mesmo cega. Ele veio pra cima de mim e deu a primeira facada. E eu me virei pra correr e tropecei no chão e caí. Ele veio por de riba de mim e continuou me furando. Eu gritando, gritando e o povo tudo com medo dele. Naquela época só tinha mulher na rua, não tinha um homem. (Diário de Campo, mar. 2019).

Perguntei quem a ajudou e ela de início me disse que não *lembrava*. As *lembranças* contadas por minha avó foram lidas por mim como uma experiência de violência que foi compartilhada por muitas mulheres pobres da sua geração naquele contexto, assim como a falta. É em diálogo com Venna Das (1998, p. 36) que podemos considerar a "existência de formas narrativas, simbólicas e sociais, nas quais se tece essa violência difusa. No processo de sua articulação, às vezes de sua prática, a violência parece definir os contornos dentro dos quais ocorre a experiência de uma forma de vida enquanto forma de vida humana".

As violências às vezes não era tão extremas como uma tentativa de assassinato, mas as *surras* eram muito comuns dos homens contra as mulheres. Essas *surras* também eram resguardadas às *meninas* e *mininos*. Os homens surravam as mulheres, as mulheres *surravam* os *mininos* e *meninas*. As *surras* eram um reflexo da violência presente nas relações de gênero, assim como mecanismo "corretivo" para com os *mininos* e *meninas*. Era por isso que minhas parentes tinham uma habilidade de "falar a violência" (Das, 1998), pois eram histórias e *lembranças* que estavam no cerne das relações de parentesco.

Tia Itamar afirmava que minha bisa Rebinha levava muitas *surras* do Eliseu, o homem que acabou *caindo para idade* com ela. Em parte era por isso que tia Itamar não fazia nenhuma consideração em despender algum *tomar de conta* extra com ele além do estritamente necessário. Sua obrigação, a seu ver, era para a bisa Rebinha, não para com ele. A obrigação do *tomar de conta* da bisa Rebinha não surgia também de uma retribuição geracional, já que a bisa Rebinha não *criou* tia Itamar. A obrigação para com Rebinha surgia, como tia Itamar afirmou, "porque ela me pariu. Por isso que eu faço isso". A concepção de minha tia sobre as expectativas decorrentes da consanguinidade, até certo ponto, garantiu para a bisa Rebinha alguém que *tomar de conta* dela. Já Eliseu, fazia "parte do pacote" e "pega carona", como colocou tia Itamar. Eliseu havia abandonado sua família ainda *moço* para se *ajuntar* com Rebinha e não poderia exigir o *tomar de conta* dos filhos da antiga família. Após retornar a essa história das facadas em outro dia, minha avó conseguiu *lembrar* quem a tinha socorrido. Disse que foi seu primo Vanja que vinha subindo a rua da Casa lá De baixo e ouviu seus gritos:

> Lembrei. Foi Vanja, primo meu. Ele tinha ido me visitar e quando dobrou a esquina disse que ouviu meus gritos e foi ver o que tava acontecendo. Ele (Neguim) viu o Vanja e foi pra cima dele. O Vanja não tava com nada, nem arma e nem faca. O Neguim correu atrás dele com a faca até que o Vanja entrou na casa de não sei quem e pegou um facão... E eu lá com uma poça de sangue atrás de mim... (Diário de Campo, mar. 2019).

Nessa hora em que ela *lembrava* e narrava, minha mãe me ligou e perguntou se eu já estava em casa e se havia voltado do supermercado. Respondi que sim e que estava conversando com minha avó. Tentei retomar a história, mas minha vó disse que tinha se esquecido e que depois *lembraria*. Tocando nossos dias, resolvi introduzir mais uma vez a história em outro momento e ela concluiu. Foi socorrida por outros familiares e levada até Floriano, cidade que fica há 164 km de Canto do Buriti. Lá, foi para um hospital local em que o médico que a socorreu afirmou que uma das facadas passou a: "três centímetros do meu coração, fiquei consciente o tempo todo". Um dos desdobramentos dessa história foi que seus dois *filhos-homens* que ainda moravam na cidade, tio Luizinho e tio Reginaldo, foram atrás do Neguim para matá-lo. Não o encontraram, pois o mesmo havia deixado a cidade. Quando voltou, anos depois, Neguim estava "doido" e como dito, acabou sob o *tomar de conta* da sua irmã Gonçala. Como ele não foi casado e tampouco teve filhos e filhas, o *tomar de conta* recaiu sobre a irmã-mulher. Dessa forma, minha avó resolveu deixar a Casa lá de baixo e com meu avô ainda vivo, saíram do centro e compraram um terreno para construir uma nova casa lá no bairro Matadouro.

Essa Casa Aqui

Foi nessa casa que minha avó *caiu pra idade* e onde *criou* seu filho adotivo, tio Marcim. Ele, foi o único que cresceu e permaneceu em Canto do Buriti, quando todos os filhos e filhas da minha avó já estava no *mundo*. Ali, ela também recebeu três netos que viveram com ela por um período de tempo, mas que em seguida também seguiram para o *mundo*. Todos eles constituíram uma nova família. Uma das netas, filha da tia Regina, viveu quase sete anos com ela, mas quando engravidou, minha avó acabou encaminhando a mesma para a casa da tia Regina. Minha avó tinha valores e concepções de que uma "mulher de família não poder ficar prenha solteira, todo mundo acaba falando". Minha avó cultivava um medo do já comentado "fuxico" com seu nome. Isso também recaía sobre a concepção do que seria uma "mulher de respeito". Essa concepção moral será mais bem explorada no próximo capítulo.

Já meu avô, acabou falecendo por volta de 1999. A causa da sua morte é um pouco incerta. Alguns parentes afirmavam que foi doença de chagas e outros que foi pneumonia. Nunca soubemos ao certo, pois com os filhos no *mundo*, foi uma sobrinha do meu avô quem o acompanhou no hospital e quem cuidou do seu enterro. Após isso, há mais uma ruptura na biografia da minha avó. Ela, que aprendeu a beber e a fumar cachimbo com sua sogra, aumentou consideravelmente a ingestão de bebida e de fumo.

Segundo tia Itamar: "Acho que sua avó nunca pensou que seu avô fosse morrer antes dela. Por isso que ela mandou os filhos pro mundo. Ela achou que eles fossem ficar véis juntos". Com essa perspectiva que minha tia apresentava, minha avó fazia um cálculo de que o marido e ela ficariam juntos inclusive ao *cair pra idade* e acabariam *tomando de conta* um do outro, mas eis que a morte prematura do meu avô mudou os planos da minha avó. Ela, entretanto, mencionava outra explicação para o envio dos filhos para *o mundo*: "Aqui não tinha nada pra eles, só enxada". Era o mesmo cabo da enxada que ela dizia ter vivenciado antes de casar.

Segundo minha mãe, em um período do dia todos eles (seus irmãos e irmãs) iam para a roça e no outro período para a escola, pois minha avó fazia questão de que eles, diferentemente dela, soubessem ler e escrever já que tinham acesso a escola (coisa que minha avó não teve). As histórias têm suas múltiplas versões e a da minha avó Anita apontava como o percurso de uma mulher vai se modificando com o casamento, nascimentos de filhas e filhos, com a falta, com a busca por alimento, a violência, com a morte do marido e a preocupação com que seus filhos tivessem uma vida diferente da sua.

Essa casa que habitamos ao longo do campo possuía três quartos, uma sala, um banheiro e uma cozinha. Tinha também um vasto quintal nos fundos e um quintal um pouco menor na frente. Quando minha mãe foi para Canto do Buriti tentar *tomar de conta* da minha avó em sua casa, como já abordei no primeiro capítulo, viu que a casa precisava de muitas reformas. Minha avó, ainda possuía um galinheiro e *criava* um porco no quintal dos fundos, mas depois da visita da vigilância sanitária ela foi notificada e solicitada que retirasse o mesmo dali. Ela também juntava muitas coisas no fundo do quintal como madeiras, garrafas, pedaços de ferragens e afirmava constantemente que "quem guarda sempre tem". Esse lema, que ela repetia quase que diariamente, refletia um período da sua vida que não havia nem mesmo o que guardar. Era por isso que minha avó cultivava a prática de não jogar nem mesmo a casca da mexerica e do limão no lixo. Quando em campo comi uma mexerica e fui direto para o lixo jogar a casca fora, ela me interceptou e pediu as cascas. Colocou em uma pedra no quintal do fundo. O sol forte acabou secando as cascas. Em seguida ela retirou as cascas secas do sol, guardou na geladeira e as utilizava vez e outra para fazer chá.

Minha avó foi perdendo consideravelmente a autonomia com o *tomar de conta* das suas filhas, mas isso era visto pelos demais (parentes e não parentes) como sinônimo, em si, de carinho, atenção, responsabilidade, amor e até mesmo um direito da minha avó por ter *criado* e *parido* todos. Mas seria uma consequência do *tomar de conta* a perda de voz nas decisões que cercavam sua própria *vida*? Minha mãe manteve alguns "pé de pau" no fundo do quintal da minha avó, como o pé de goiaba. Essas eram coisas que minha avó não abria mão de forma alguma, como seu pé de carambola, seriguela, acerola, limão, ata (ou pinha) e um arbusto de capim santo. Sobre esses "pé de pau", quando voltou a sua casa comigo, uma das primeiras coisas que ela perguntou a minha tia Itamar quando chegou foi sobre a última vez que eles tinham dado frutos. Nos nossos almoços ela solicitava que eu tentasse buscar algumas goiabas. Eu subia na goiabeira e ela ficava embaixo. Eu catava e jogava para ela. Ela apanhava e trazia para dentro. Eu fazia o suco. Meu corpo era capaz de exercer essa função que ela não mais conseguia, mas na qual afirmava um dia ter sido boa.

Ali naquela casa ainda se encontrava o rádio do meu avô Luis. Ela olhava para ele a dizia que ele gostava de acordar e ouvir as músicas e notícias de manhã cedinho antes de sair de casa. Quem tinha lhe dado o rádio era tia Raimunda, que havia levado para lá em uma das suas idas de São Paulo. Como eu sempre escutava música ao cozinhar, colocava Luiz Gonzaga para que ela pudesse escutar também. Não sabia muito bem o gosto musical da minha avó, mas pareci acertar. Ao tocar "Respeita Januário" ela afirmou: "Raimunda (tia Rai) gostava de irritar o pai dela cantando essa música, Luiz respeita Januário. "Toma vergonha Raimundinha!!" ele falava. E ela ficava dançando no pé dele e cantando. "Vai pra lá Raimundinha". Ela era pequena...".

Ao ver minha avó lembrando desse tempo de filhas pequenas, de muita gente em casa e de um marido ainda vivo, sentindo saudade do que viveu, senti um aperto no coração ao ver tudo o que aquela *véia-véia* fumando cachimbo visualizava ao olhar para dentro de si e ao ouvir uma música. Fiz um café para ela e segurando sua xícara começamos a escutar outra música. Acabou a música e minha avó disse: "Quando eu era mais menina eu cantava tanto essas músicas. Hoje não, porque não me lembro mais...". Continuamos escutando outras músicas de Luiz Gonzaga. Algumas ela balbuciava as palavras, mas o que me marcou foram seus pés acompanhando e marcando o ritmo da zabumba.

Nessa casa minha avó recebia visitas de tantas pessoas. Em um dia de manhã cedo recebeu uma visita de uma mulher na casa dos 40 anos, negra, com saia até abaixo do joelho, blusa de manga. Começaram a conversar sobre os filhos, netos e bisnetos. A mulher perguntando como estavam todas as filhas da minha avó e ela ia respondendo. Enquanto a mulher resolveu ir ao banheiro minha avó balbuciou para mim: "Eu não sei quem é ela!". Eu comecei a rir me perguntando como recebíamos alguém e tratávamos uma conversa sobre nossas vidas sem saber quem era a pessoa. A visita voltou do banheiro e começou a perguntar de quem eu era filha, o que eu estava fazendo na cidade, quando eu iria embora. Eu ia respondendo todas as perguntas.

Em determinado momento da conversa resolvi intervir: "Desculpa perguntar, mas qual o nome da senhora?". Ela respondeu e pensei que agora minha avó saberia quem era a pessoa. Eis que a visita foi embora e perguntei: "Afinal, quem era ela, vó?". Ela respondeu: "Como vou saber? Você perguntou o nome. Tinha que ter perguntado de quem ela é filha ou quem é a família dela. Pra mim perguntar fica feio, mas pra você que não é daqui não ficava". Caímos na gargalhada. As relações de parentesco eram extremamente importantes para localizar alguém socialmente em Canto do Buriti. Além disso, os momentos com minha avó e tia Itamar não eram regados apenas por lágrimas, eram regados também por boas risadas. O riso e o humor eram maneiras de *lembrar* das mazelas e da fome, de manejar o sofrimento, de *lembrar* o que ele havia passado.

Como quando tia Itamar contava na cozinha da minha avó que nos tempos em que não tinha carne ou dinheiro para comprar carne, minha avó Anita chorava, literalmente, de raiva. As duas caiam na gargalhada e minha tia usava essa história para afirmar que era por isso que minha avó gostava tanto de carne e que não mais aceitava fazer uma refeição sem, pois nem sempre essa foi uma possibilidade. Nessa casa minha avó ainda continuou seu trabalho de vendedora de cereais na feira antes de se aposentar. Na minha primeira ida a feira e sabendo que ela havia trabalhado por tanto tempo lá, fiz questão de convidá-la para ir comigo, entretanto sua resposta foi a seguinte:

> Num me chame pra ir pra feira. Se eu precisar passar no centro eu arrodeio a feira. Eu tinha banca de cereais na feira. Comprava tudo de saco. Tapioca, arroz. Quando eu comecei a vender morava naquela casa lá de baixo. Dia de sábado Luis ficava em casa e eu ia pra feira. Passei anos nesse serviço. Ai mudei pra aqui e continuei vendendo. Já morando aqui... com os tempos sei que foi indo, foi indo e parei. Chegava o dia de ir e ia me dando essa preguiça. Quanto sobrava pouquim trazia era no carrinho empurrando. Quando era muito, era na carroça. Tinha uns caras no fim da feira e ficavam rondando pra levar pra casa. Do meio pro fim era pra arrumar carro. O caro sobrava lugar aí pra ele não pagar sozinho, aí a gente pagava as duas, três pessoas pra poder pagar o valor do transporte. A carroça vinha cheia por cima. Naquele tempo era um pouco mais sofrido, mas penso que me sentia melhor que hoje. Com pouco sobrevivia. (Diário de Campo, mar. 2019).

Sendo a feira espaço de muito trabalho, minha avó não gostava de voltar também para não *lembrar*. Além disso, sua narrativa trazia elementos de que talvez naquela época se sentisse melhor do que em relação ao tempo corrente da pesquisa. Naquela época ela tinha meu avô, tinha sua casa, mais autonomia, mair controle sobre as decisões em relação a própria *vida*. Marcinho, filho adotivo da minha avó, aquele que nunca tinha saído de Canto do Buriti também acabou indo para o *mundo*. Seguiu o rumo de São Paulo com sua esposa e afilhada, mais uma família era constituída. Minha avó, ficou nessa casa sozinha e se voltarmos ao primeiro capítulo, revemos os eventos que fizeram com que as *filhas-mulher* tivessem conhecimento e assumissem o *tomar de conta*.

Narrativas de violência, narrativas de *vida*

Nos nossos últimos dias em Canto do Buriti começava a minha angustia em falar para minha avó que era hora de voltar para Brasília, era hora de ela ir novamente para o *mundo*. Quando comuniquei, minha avó começou a resmungar e dizer: "Eu quero saber quando é que vou ficar na minha casa". Eu não tinha resposta. O tempo ali era o tempo arbitrário do campo com data para iniciar e terminar, mas minha parente-interlocutora iria embora comigo, sua casa seria fechada assim como parcialmente meu campo ali. Era hora de voltar, mas também de levar coisas para minhas tias e minha mãe. Minha avó queria levar doce de buriti, pimenta de cheiro, abóbora, doce de leite, carambola e mel.

Comprei tudo na feira e voltamos com as malas cheias para distribuir aos nossos parentes em Brasília. "Em outros tempos eu levava mais, agora só dá pra levar esse tiquinho", ela me disse. Apenas eu carregaria as malas, por isso ficávamos limitadas a minha força física para levar tudo até Brasília. Aparecida, sua vizinha de frente visitou minha avó um dia antes de partirmos e disse: "Já tá indo embora pra Brasília, Dona Nita???". Minha avó sorrindo, respondeu: "Não, tô indo viajar. Eu volto!". Ainda nas escritas dessas linhas minha avó não havia voltado e continuava sua viagem no *mundo*.

Em um lugar onde as *lembranças* acabam sendo as responsáveis por "remontar os tempos" e o curso da *vida*, minha avó mudou consideravelmente sua forma de estar em *vida*, em curso. Ela casou, teve seus filhos, cumpriu o esperado para uma mulher naquele contexto como apontado no segundo capítulo. Entretanto, a partir do tempo e com as decisões que tomou acabou oferecendo seus filhos ao *mundo*. Com eles indo e também seu marido, passou a ter que organizar a *vida* de outra forma. Suas filhas passavam a *tomar de conta*, eu *tomei de conta* e me doía saber que teria que levá-la de volta. Ela chorou algumas vezes por sair da sua casa, eu também.

Como Borges (2013, p. 204) coloca, "se quisermos avançar para além de uma suposta homologia entre as formas de morar e as formas de ação e reflexão políticas, é imperativo entender e comparar os diversos sentidos da casa, seja como ordem moral e cosmológica, como abrigo, como forma de ocupação e transformação". É nesse sentido que as casas em conjunto com as narrativas e *lembranças* apontavam para as transformações e mudanças biográficas nos diferentes momentos dentro do curso de vida da minha avó.

Na sua primeira casa (Casa do Pé do Morro) havia apenas uma entrada, não havia banheiro e as necessidades fisiológicas eram feitas no mato. Essa casa era de taipa e tinha apenas um cômodo sem nenhum tipo de divisória. Minha avó dizia que eles dormiam em esteiras de palha que eram colocadas no chão. Cozinhavam com lenha e os poucos utensílios da casa poderiam ser sumarizados em duas panelas, colheres, pratos de ágata e copos de barro. Era nessa fase da sua vida que ela iniciava sua jornada como mãe e esposa. Já não era uma *moça*, mas uma *muié*.

Já a Casa Lá de Baixo era de alvenaria e contava com a divisão dos cômodos e com o surgimento de uma família extensa. Era uma casa que tinha luz elétrica, redes, camas, geladeira, mas o banheiro ainda era do lado de fora da casa. É nessa casa que as narrativas de violência começavam a emergir com mais força. Tanto em relação a como o "mexerico" poderia ser uma alavanca para as *surras*, como da consequente tentativa de homicídio que minha avó sofreu por parte do seu cunhado. Minha avó já apontava como quando *menina* os tapas, petelecos e *surras* eram mecanismos comuns do seu cotidiano. Nesse aspecto, é prolífico apontar como as narrativas do curso da vida da minha avó e de parentesco em Canto do Buriti eram perpassadas por práticas violentas. Práticas essas que iam de *muié* contra *muié*, de *homi* contra *homi*, de *homi* contra *muié*, desses para com os *véis*, de todos para com os *mininos* e *meninas*. As *surras* nos *mininos* e *meninas*, por exemplo, ocorriam tanto no espaço doméstico quanto no meio da rua, assim como a dos *homis* contra as *muié*.

Isso me indicava que essas práticas escorriam tanto na vida doméstica quanto na vida pública. Se ocorriam na rua e ninguém nada falava, era porque de alguma forma as pessoas regulavam e normatizavam essas práticas. Com o atravessamento da violência em todo o curso de vida, pude perceber que a constituição e manutenção das relações parentesco se davam inclusive com o auxílio de práticas violentas interpessoais e intergeracionais. A violência nesse contexto pode ser compreendida como uma maneira de fazer a manutenção de poder e de compreender as relações de gênero e raciais (Moore, 2005). A violência era uma prática de *criar* pessoas. Era nesse sentido que narrar sobre a *vida* era também narrar sobre a violência.

Já Essa Casa Aqui, a casa que habitamos ao londo da pesquisa, foi onde minha avó já era uma *véia-nova* em transição para uma *véia-véia*, pois o *tomar de conta* ficava cada vez mais latente por parte das suas parentes. Com a cena do banho, apresentada no primeiro capítulo, posso apontar aqui que as prátivas interventidas do *tomar de conta* eram também práticas de controle. Controlar um corpo que *caiu pra idade* e a partir daí escolher e designar o que seria o melhor para ele. Mas isso não impedia que minha avó criasse estratégias, como a "birra"[33], para resistir as intervenções. A partir delas, ela coneguia manifestar sua discordância com algumas decisões tomadas por suas parentes. E a partir disso gerava novos imbróglios acerca de onde o poder das decisões estava realmente.

No próximo capítulo entraremos em outras mobilizações com tia Itamar. Ela não teve filhos, não casou, foi para o *mundo* ainda *menina* trabalhar em São Paulo e quarenta anos depois voltou para Canto do Buriti. A partir daí, apresento como ela mobilizava concepções de "luta", trabalho e humilhação. Categorias essas que eram indissociáveis na vida dessa mulher que foi para o *mundo*. Após voltar para Canto do Buriti ela encontrou uma outra *origem* e novos dilemas ligados ao *cair pra idade*. Dilemas esses que eram compartilhados com sua amiga Rosa, também negra. Rosa e tia Itamar me ajudavam a compreender o que ocorria com mulheres que não tinham o *tomar de conta* das *filhas-mulher*. Elas também me faziam vislumbrar outros contornos para o meu próprio curso de vida.

---

[33] "Birra" aqui é encarada como o ato ou disposição de insistir obstinadamente em um comportamento ou de não mudar de ideia ou opinião; teima, teimosia.

Capítulo V

"EU ME SINTO TÃO SÓ": TIA ITAMAR E SEUS DESLOCAMENTOS ENTRE *ORIGEM* E *MUNDO*

A *luta* e o trabalho: concepções acerca do ser *menina*

Falar da tia Itamar é muito diferente de falar da minha avó. Não apenas porque as duas tiveram percursos biográficos diferentes, mas por me atingiam de formas distintas. Esse capítulo, entretanto, tem um objetivo semelhante ao último: analisar o curso de vida a partir do que me foi contato e das *lembranças* das minhas parentes. Utilizo as histórias nesse capítulo no mesmo parâmetro colocado por Suely Kofes (2007), onde as estórias de vida[34] podem ser consideradas "interpretações individuais de experiências sociais" (p. 118). Todavia, como a autora afirma:

> [...] estarei me referindo a "estórias de vida" e ainda assim no sentido preciso de que se trata: 1º) de relatos motivados pelo pesquisador e implicando sua presença como ouvinte e interlocutor 2º) de um material restrito à situação de entrevista. Isto é, estarei considerando apenas o que foi narrado ao pesquisador pelo entrevistado sem a complementação de outras fontes; 3º) daquela parcela da vida do sujeito que diz respeito ao tema da pesquisa, sem esgotar as várias facetas de uma biografia. (Kofes, 2007, p. 118).

O intuito aqui, portanto, é examinar e pôr em relevo a fala da minha tia sobre sua experiência de *cair pra idade* e virar uma pessoa *de idade*. O propósito básico é, desse modo, discutir sobre deslocamentos, o *cair pra idade*, o campo em família e como as decisões tomadas ao longo de uma *vida* modificaram a trajetória dessa *véia* que — diferentemente de minha avó — decidiu não ser mãe ou esposa. Começo este capítulo a partir da casa da tia Itamar em Canto do Buriti. Ela construiu essa casa depois de mais de 40 anos de trabalho como empregada doméstica e cuidadora de idosos em São Paulo. Essa casa, porém, apesar de ter sido construída

---

[34] A grafia mudou recentemente de "estórias", como Kofes falava, para "histórias".

a menos de três anos, já tinha muitas histórias, pois ela foi resultado de que poderia ser lido como a materialização de uma "vida vitoriosa em São Paulo".

É interessante que tia Itamar sempre se referia aos seus patrões *de idade* como "idosos", nunca como *véis*. Creio que essa distinção, de certa forma, se dava por uma questão de classe e raça. Tia Itamar sabia que a etiqueta da cidade grande exigia determinado vocabulário na forma de tratamento em relação aos seus empregadores. Não era por acaso que ela constantemente se orgulhava de ter um português "correto" em relação as pessoas com quem convivia em Canto do Buriti. Não obstante, o uso das categorias *véi* e *véia* eram a forma de nomear usadas no contexto de Canto do Buriti, ou entre pessoas da sua classe e parentes, nunca com o patrão. Mas antes, vamos voltar ao começo, não ao começo, necessariamente, mas à ida de tia Itamar para São Paulo e ao seu ingresso no *mundo*.

Já na minha primeira semana em campo, sentei para conversar com tia Itamar sobre sua ida para São Paulo, na varanda da sua casa. Essa, era murada, tinha um quintal na frente com espaço para dois carros na garagem, um jardim ao lado, uma varanda extensa. Ao entrar dava para ver uma sala grande à direita e à esquerda uma sala de jantar. Havia também uma suíte, um quarto para visitas e uma aconchegante cozinha. Saindo da cozinha tínhamos ao fundo um espaçoso quintal (todo cimentado) e uma lavanderia coberta no fundo. Ao lado da lavanderia um "quarto de bagunças" que ela queria transformar em mais um quarto de hóspedes. Tia Itamar morava nessa casa sozinha. Perguntei também porque as casas mais antigas, como a da minha avó, não tinham garagem na frente. Tia Itamar respondeu que "antigamente ninguém achava que podia ter um carro, aí fazia a casa bem na frente e deixava um quintal grande atrás".

Tia Itamar a época da pesquisa estava com 63 anos, tendo nascido em 1956. Numa época em uma Canto do Buriti sem luz elétrica ou água encanada. As roupas eram lavadas em açudes e a lamparina ajudava com a noite ou breu. Como pincelei em capítulos anteriores, a relação da minha tia com sua mãe e minha bisavó, não era das melhores. Em uma das discussões das duas antes de eu chegar em campo minha tia afirmou que disse para minha bisa que: "Você nunca foi mãe, você nunca foi mãe! Você nunca nos respeitou, você nunca quis saber de nós, principalmente de mim, eu sinto que você não gosta de mim!". Era esse um sentimento que minha tia carregava e também um dos seus motivos para voltar de São

Paulo para sua *origem*. Acreditava que retornar mais de 40 anos depois, poderia de alguma forma se aproximar da mãe ou estabelecer alguma relação. Entretanto, não foi o que ocorreu.

Depois de sucessivas discussões com minha bisa, minha tia disse que ajudaria com o mínimo que pudesse, deixando para seu irmão Carlindo a responsabilidade para com minha bisa. Tia Itamar poderia ser uma *filha-mulher* da minha bisa, só que não achava que sua mãe tinha arcado com as obrigações de *criar*. *Criar* estava atrelado também as *muié* e unido a sua capacidade de *tomar de conta*, proteger, providenciar o *de comer* da sua respectiva prole. Enfim, construir um outro corpo até o momento que ele fosse capaz de lidar com a própria *vida*. Como minha bisa não havia *criado*, tia Itamar se sentia no direito de não retribuir por completo as obrigações que eram costumeiramente da *filha-mulher*. Não era apenas por ter uma *filha-mulher* ou filhos que o *tomar de conta* estava efetivamente garantido no *cair pra idade*. Quem ficou responsável de executar o *tomar de conta* com bisa Rebinha era meu tio Carlindo, pois ele foi o filho que mais teve contato ao longo da *vida* com a mesma. Só que o seu *tomar de conta* enquanto *filho-homem* era diferente do esperado e delimitado para a *filha-mulher*. Não era ele quem limpava a casa de Rebinha ou quem fazia sua comida, ele pagava para que outras mulheres (parentes e não parentes) executassem esse trabalho.

Ao voltar para a *origem*, minha tia também sentia que muitas pessoas percebiam e apontavam que ela não era dali, assim como faziam comigo durante minha estadia na cidade. Ela respondia as pessoas que indagavam de onde ela era que: "Sou daqui sim, mas fui embora muito nova". Me mostrava que as pessoas afirmavam que ela não tinha o sotaque de Canto do Buriti e tampouco seu rosto era ali conhecido. Nisso, ela constantemente apontava que esses eram aspectos que a diferenciavam das pessoas de lá, apesar de ser e pertencer aquele lugar. Sua referência de parentesco para demarcar suas relações quando perguntavam de quem ela era parente ali não era a bisa Rebinha ou minha avó, mas sim o fato de ser "sobrinha da finada Ana Bodeira". Como dito, Ana Bodeira era irmã da sua mãe (bisa Rebinha) e pessoa muito conhecida em toda a cidade. Sua tia, como o próprio nome dizia, era reconhecida por *criar* e vender bodes, além de ser a açougueira na cidade durante muito tempo. Ela teve dois filhos que morreram ainda pequenos e ficou viúva nova, pois seu marido foi assassinado. Nas palavras de tia Itamar, Ana Bodeira era:

> [...] uma mulher respeitada aqui nessa cidade, minha tia. Qualquer pessoa assim de idade que já me perguntam eu sempre falo dela. Sou sobrinha da finada Ana Bodeira. Porque era uma pessoa de muito respeito e valor. Tia Ana explorava muito a gente. Ela era muito trabalhadeira. Ia com ela pro açougue, ia com ela pra feira e acordava cedo para tirar a pele dos bodes. Então a gente alumiava cochilando. E ela brigava e ainda dava uns cocorocós na gente. Era totalmente o contrário de Rebinha. Por conta do trabalho ela não era mulher de casa, era mulher de negócio. Vendia bode, era machã, vendia comida na rua, depois montou.... Ela era a frente do tempo dela. Comprou material, fez um quiosque na feira que ficava na praça do Y antigamente e vendia comida. Ia pras festas vender comida nas festas. Mas nunca nos faltou comida pra gente comer, ia pra roça. Era uma mulher muito trabalhadora. Esse bairro Santo Antônio era todinho dela. E assim lutando sempre. Minha avó pra não ver ela judiando da gente, brigando e tudo mais, aí ela nos tirou dela. Ai fez uma casinha lá perto do morro. Aí a gente ficou morando lá. (Diário de Campo, mar. 2019).

Sua tia, Ana Bodeira, era um exemplo de uma mulher que não era de "casa", mas quem lhe apresentou o que poderíamos considerar enquanto valores que Itamar supunha que sua mãe não tinha a época, como o trabalho e a *luta*. A *luta* consiste na capacidade de "enfrentar a vida", seus desafios, dilemas e dificuldades. No trecho acima vemos como tia Itamar ainda quando *menina* auxiliava sua tia em seu ofício, entretanto, sua avó Regina[35] não gostava como a primeira agia em relação a tia Itamar. A "dificuldade", nesse contexto, é atrelada ao medo da falta do *de comer*. Essa era a principal preocupação quando *menina*. Ela afirmava que apesar da tia ser açougueira, ela não comia carne *maciça*, os melhores cortes dos animais. Essas, iam para a venda, o que sobrava dos cortes era o que consumiam. Mas depois de viver com sua tia Ana Bodeira, tia Itamar passou a morar com sua avó materna Regina:

> Minha avó passou uma grande responsabilidade pra mim. Porque mãe eu não tinha. Vivia com aquele lá que era um traste, bebia cachaça, dava nela, fazia o diabo a quatro. Então minha avó não ia passar essa responsabilidade pra ela. Aí quando minha avó ficou muito doente e veio a fale-

---

[35] Soube em campo por tia Itamar que, minha tia Regina, a *tomadora de conta* da minha avó em Brasília, tinha esse nome por causa da sua bisavó Regina [minha tataravó].

cer, quando ela ficou doente, ela ficou ainda um tempão doente e a gente cuidando dela, mas não tinha muito o que fazer. Minha avó morreu com uns 70, não chegou aos 80 não. Ela me chamou e disse... Nossa eu lembro dessa frase assim... soa nos meus ouvidos. "Até aqui eu te criei, a partir daqui pra frente é você". Eu tinha uns 9 anos. E ai eu fui pra luta. Fui trabalhar, aí entrar na casa dos outros, cuidar de criança. Aí pra olhar criança era tudo, limpar casa, apoiar a criança, era pra... Os assédios dos patrões. E era assim sabe... (Diário de Campo, mar. 2019).

De novo é possível pensar em noções muito particulares de "infância" a partir de suas narrativas. Aos nove anos de idade tia Itamar já estava *criada* e já era considerada alguém suficientemente capaz de *lutar* e trabalhar. Duas ações que são conectadas e encarnadas desde muito cedo na *vida* dessas mulheres. Encarar a *vida* é ser capaz de *lutar* e o "trabalho" entra como a forma e valor de existir. O trabalho, nesse contexto, pode ser visto como um valor central onde os demais vão sendo construídos. Nisso é incluído tanto o trabalho que é realizado fora de casa e para terceiros, quanto o trabalho realizado pelas mulheres no ambiente doméstico. *Criar* uma família, filhos, filhas, casas e bichos exige trabalho e consequentemente *luta*. Além de produzir, digamos assim, curso da vida. Tais narrativas constituem práticas e concepções particulares sobre o curso da vida nesse contexto. O curso da vida é histórico e culturalmente plástico pensando na minha própria infância. Onde, por exemplo, meus pais esperavam que eu estudasse e brincasse. Havia então uma concepção de infância marcado por esses aspectos. Já nas narrativas da tia Itamar havia uma ausência da escola e das brincadeiras, sendo o trabalho e a *luta* os demarcadores desse momento no seu curso de vida.

Tia Itamar ainda *menina* realizava serviços não necessariamente com o intuito de receber algum dinheiro, mas com o intuito de receber o pagamento principalmente em forma de roupas, caçados e comida. O trabalho e a inclusão de Itamar nos espaços de outras casas apresentavm o aspecto do assédio e violência por parte dos patrões e possíveis tentativas de estupro. Quanto mais ela "criava corpo" mais os assédios aumentavam. Esse era o principal motivo que fazia com que saísse de uma casa e fosse procurar trabalho em outra. "Quiseram passar a mão em mim e eu não aceitava. Passava a mão e dali já levava pra cama e pegava a força. Dali eu fui pra outros e outros e outros. Até que eu fui pra São Paulo".

A *moça*, o boato, a ida para o *mundo*

Tia Itamar me disse que aos seus 17 anos (então *moça*) seus principais entretenimentos e diversões a época eram os forrós que ocorriam no interior, caminhar na praça, ficar sentada na praça, conversar com as amigas, arrumar um "namoradinho". Nessa mesma época, afirma ela, "começou o negócio da luz, da energia. Quando a luz chegou eu tinha uns 16 anos". Foi então que entre esses entretenimentos Itamar ainda *moça* resolveu ir com algumas amigas a um "baile no interior". Como não tinha um meio de transporte que pudesse levá-la, foi caminhando. Entretanto, "naquela época tinha uma divisão muito grande em que rico e pobre tinha o seu lugar. Quando o rico se aproximava de uma moça pobre era para fazer de prostituta", disse ela.

Seguiu para o baile no clube recreativo operário, lugar em que apenas os "pobres" iam para dançar, mas espaço que muito raramente era frequentado pelas pessoas "ricas" da cidade. Entre os que vez ou outra iam ao baile dos "pobre" estavam os homens ricos, nunca as mulheres. Essas, tinham um clube próprio onde os "pobres" não adentravam, independentemente do gênero. Ademais, o clube era um espaço em que os assédios também estavam presentes. Nossa conversa continuou e perguntei a tia Itamar o que ocorreu em seguida:

> Naquela época você não tinha muita noção, mas sabia que se você deitasse com um homem você ficava grávida. Então meu medo era de ficar grávida e ser chamada de puta. Ai teve esse baile. Quando voltei no outro dia do baile tava um burburinho do cão. Tavam dizendo que todas as moças que tinham ido pra festa no interior, inclusive eu, se fosse nesse clube de pobre, não entraria. E realmente o que me aconteceu foi isso. Eu fui e acho que nem suas tias sabem disso, sua mãe, acho que nunca contei. Quando eu fui, teve o baile uma semana depois. Eu sabia que tinham dito que não iam deixar a gente que tinha ido pro baile entrar, mas eu pensei que tinha sido conversa. Eu fui. O pai da Caíca que chama Agriço me pegou pelo braço na frente de todo mundo e me botou pra fora. E falou que ali eu não entrava mais.

> Perguntei porque ele havia feito isso e ela respondeu:

> Por causa do preconceito. Que dizem que todas as moças que foi... mas a questão não era todas as moças, a questão

> é que eu sempre fui assim, não dar bola pra nada. Não dar bola pras pessoas, nunca me misturei muito. Não assim de andar com molecagem. Fui assim séria. Causou não sei o que, inveja em relação a mim. E soltaram essa mentira que eu não era virgem. Eu fiquei totalmente desmoralizada. Onde eu ia as pessoas já me olhavam com olho torto, os homens já vinham querendo tirar casquinha. Eu fiquei naquele tempo que hoje existe a depressão, mas naquele tempo eu fiquei totalmente desanimada com a vida. Ali eu só tinha duas escolhas: me jogar na prostituição mesmo ou sumir daqui. Eu só tinha esses dois caminhos. E foi aí que apareceu uma benção de deus que me tirou daqui. Ela ainda existe. A Joana do Sabino. Quando eu cheguei de mudança fui na casa dela agradecer o que ela fez por mim. (Diário de Campo, mar. 2019).

Estar englobada na categoria de uma "mulher respeitada" e que tem "moral" incluía algumas seguranças mínimas em relação a assédios e estupros. Esse era um *status* que era buscado ser resguardado nos anos de 1970 em Canto do Buriti e ainda o era durante a pesquisa. Eu buscava também a minha inclusão nessa categoria para que as mulheres *de idade* quisessem dialogar comigo.

O "boato" foi capaz de acabar com a "respeitabilidade" e a "moral" da tia Itamar enquanto uma *moça* com potencial para encontrar possíveis maridos e companheiros. Continuou me contando que até sua entrada em muitos estabelecimentos na cidade passou a ser negada. Esse episódio culminou em um estado psíquico e emocional que ela englobava enquanto "depressão". Acrescentou que após o afastamento das pessoas começou a evitar sair de casa e ir a rua. Ela elencou que a perda da respeitabilidade culminaria em apenas dois caminhos possíveis naquele cenário. Enquanto mulher negra e pobre lhe restava a prostituição ou a saída da cidade. Com a morte da avó e o distanciamento da mãe Rebinha, Itamar optou o caminho do *mundo*. Me contou ainda em campo que "fui-me embora dessa cidade virgem, namorar eu até namorei com uns, teve um que até morreu, mas nunca fui pra cama com nenhum deles aqui". Tia Itamar verbalizava essa frase com um orgulho genuíno e o resquício de uma raiva e mágoa.

Fiquei meio atônita em imaginar na força que um "boato" teve de modificar os rumos da vida de uma mulher naquelas circunstâncias, mas eu não bebia em Canto do Buriti ou ia a bares, que eram espaços majoritariamente masculinos e também não saía a noite. Mesmo tantas décadas depois eu sentia o peso em 2019 das restrições que uma *moça* de 25 anos tinha na cidade para a inclusão em categorias morais de respeitabilidade.

Tia Itamar ficou sabendo que uma das famílias com uma "condição um pouco melhor de vida" estava procurando uma *menina* que estivesse disposta a sair de Canto do Buriti e ir trabalhar em São Paulo. Ela não perdeu a oportunidade e foi procurar a senhora dessa família que "inclusive já morreu" e foi fazer um teste. O teste consistia em cozinhar, pois era parte do trabalho que ela faria (caso aprovada) para um grupo de pessoas que morava em São Paulo. Essas "moças de São Paulo precisavam de alguém para cozinhar, lavar, fazer comida. Elas moravam de aluguel e trabalhavam em lojas", contou tia Itamar. Ela foi aprovada no teste da cozinha, não pensou duas vezes e foi para São Paulo. Minha avó, após eu comentar a ida da tia Itamar para São Paulo, me disse que ela e meu avô Luis compraram uns "panos de chita" e um calçado para ela ir, pois a mesma só tinha "uma roupa do corpo".

Chegando em São Paulo ela foi para uma casa que só tinha um quarto, era "pequenininha, mas um coração tão grande". Três *moças* dormiam em uma cama e outra *moça* em um colchão no chão. O casal da casa ficava com o quarto com seus dois filhos. "Todo mundo ficou *véi*, como eu também fiquei", dizia ela. Foi uma das mulheres da casa chamada Odete quem ensinou minha tia como "lavava roupa direito, fazer comida direito, comida principalmente de lá". Tia Itamar era responsável por fazer a marmita de todo mundo e levar no centro de São Paulo onde todas trabalhavam. Aos poucos ela começava a ter o *costume* de São Paulo. Já a Guiomar foi quem ensinou minha tia a pegar ônibus. Guiomar lhe disse, "eu vou com você e preste atenção. Tudo que eu fizer cê faz":

> Uma vez eu saí e quis virar a roleta do contrário (contava ela rindo). O ônibus passava na porta de casa, eu não sabia nem o ó. "Aponta o dedo e ele para", a Guiomar disse. Primeiro dia foi com ela e fizeram isso umas três vezes e até eu conseguir. A Guiomar ficava na parada esperando as marmitas. Naquele tempo a mente era boa. Eu era antenada em aprender as coisas. Um mês e eu tava craque em São Paulo. Craque em São Paulo não, em Santo André, porque São Paulo é muito grande. Deixava todo dia na hora do almoço. Elas comiam e eu ficava por lá. Pegava as marmitas e vinha, limpava, passava o escovão e aí fui... Fiquei com ela até os 19, quase 20 anos. Até quando elas resolveram

> vir embora. Todas migraram de volta pro Piauí. Outras
> pra Anápolis. Porque não quiseram viver lá em São Paulo.
> Voltei pro Piauí. Passei uns seis meses. Depois voltei pra
> lá. Aí eu fui trabalhar com uma irmã delas que ainda tava
> lá. Ainda fiquei morando com essa irmã delas que tava lá
> um tempão. Aí depois também ela resolveu vir embora. Aí
> toquei minha vida sozinha. Aí eu ia fazer o que aqui (em
> Canto do Buriti)? Nada. (Diário de Campo, mar. 2019).

Tia Itamar foi a última a chegar aquela casa, a única que não voltou para Canto do Buriti à época ou que foi para outro lugar. Mesmo analfabeta aprendia a viver em Santo André e mais tarde também a andar por São Paulo, a pegar além de ônibus, o metrô e o trem, a ter o *costume* de comer no shopping aos finais de semana com algumas amigas que fizera, a aproveitar o carnaval na cidade por mais que no dia seguinte estivesse "dormindo em pé com a vassoura na mão". Além de doméstica, trabalhou como diarista e vendeu lingerie para tirar um "dinheiro a mais". Chegou em algumas épocas da sua vida a trabalhar em duas casas. Nos últimos dez anos em São Paulo realizava o trabalho de cuidadora de idosos. Juntando dinheiro com as décadas de trabalho conseguiu comprar um apartamento em Santo André. Que em seguida vendeu para construir sua casa em Canto do Buriti e também fazer uma poupança para, como ela disse, "quando eu não der conta de mim". Ela esperava que sua reserva de dinheiro pudesse pagar alguém para *tomar de conta* quando ela não mais conseguisse e também para um eventual adoecimento.

Durante essas décadas em São Paulo tia Itamar voltava, geralmente, nas férias para visitar a família e ficava na casa da minha avó Anita. Minha avó Anita, como colocado no capítulo anterior, foi quem vivenciou grande parte do seu curso de vida em sua *origem*. Ao ler esse trecho abaixo para minha mãe ela afirmou que: "Lembro de quando a gente ficava sabendo que Itamar tava vindo de São Paulo. A gente sabia que ia ter brinquedo novo, roupa, porque ela sempre trazia". Ela era responsável pelo fluxo de pessoas, coisas, notícias, era a *ponte*, como ela mesma colocou. Com essas voltas e idas, tia Itamar afirmava que já "era bem recebida na cidade".

> O mundo mudou, mas naquele tempo as pessoas era mente
> fechada. Não sei o que era isso aqui. Hoje essa cidade é linda
> e maravilhosa, mas naquele tempo eu não sei o que que
> era isso aqui. Preto e pobre não tinha mais valor nenhum.
> As pessoas se davam o direito de dizer quem não era mais
> virgem, quem não tinha direito de entrar nos lugares e sair.

> Me desanimou muito. Eu voltei pra esse lugar depois de anos na minha vida, voltei, mas voltei de cabeça erguida. Mas durante muito tempo eu disse que não voltava pra esse lugar. Eu não voltava mais pra viver aqui. Aí envelheci, fiquei véia, ninguém quer mais saber de mim. Mas naquele tempo que eu tinha fogo, namorava, não volto. Pra viver aqui? Deus me livre. Sempre fui uma pessoa que gostei da liberdade, de ser livre. Não aquele negócio é assim aqui e ali assado, nunca gostei. Dentro dos meus limites sabendo o que eu podia fazer e não. (Diário de Campo, mar. 2019).

Tia Itamar era a "preta" e "pobre", era a que não era mais virgem, era então a que não tinha valor como *moça* para a cidade. E ao longo do tempo que fez sua *vida*, cultivou uma história longa de muito trabalho em São Paulo e sucesso, pois havia certo prestígio local das pessoas que trabalhavam em cidades grandes e que depois voltaram com suas narrativas e etiquetas de quem foi para o *mundo*. Tanto que vez ou outra, alguns parentes próximos pediam pequenos empréstimos para tia Itamar. Essa, sempre emprestava e aguardava o recebimento do empréstimo. Aquela, percebi, era também uma forma de manter certo prestígio para com os parentes.

A casa que ela construiu era uma parte muito importante da sua narrativa de voltar para a cidade de cabeça erguida, com sua própria casa, seu próprio dinheiro. A narrativa da tia Itamar é também sobre uma espécie de "retorno triunfal". Aquela que da cidade grande no sudeste, não mais *menina* ou *moça*, mas de uma pessoa *de idade* vitoriosa, viajada, da cidade, meio de lá, meio de cá, diferente em sua própria terra natal. Isso resvalava, inclusive, no tamanho, elegância, "modernidade" da sua casa em comparação a dos outros parentes da família. A planta da sua casa quem fez foi uma arquiteta de São Paulo da qual ela tinha sido babá e que nada lhe cobrou pelo desenho. A casa foi feita sob medida e como minha tia queria e sonhava.

Entretanto, tia Itamar voltava também por ser uma *véia*. Em São Paulo ainda havia algumas tias que lá moravam, mas tia Itamar estava de certa forma "sozinha" e dizia que o seu *status* de *véia* culminaria em certo desinteresse que qualquer pessoa poderia vir a ter por ela. O "fogo" e o vigor poderiam ser perdidos com o passar da *vida* e do tempo. Além disso, ela mantinha uma constante preocupação em não "dar trabalho" para ninguém. Trabalho esse que ela teve com pessoas que envelheceram e que ela cuidou em seus respectivos empregos. Uma das questões que diziam respeito ao *tomar de conta* é uma expectativa implícita de um acordo intergeracional de que os mais jovens *tomassem de conta* dos *véis* fragilizados. Essa expectativa, no reino do *tomar de conta*, na maior parte das vezes é suprida pelas mulheres da família, *filhas-mulher*, irmãs mais jovens, sobrinhas ou noras. Esse "não dar trabalho" para a minha tia parecia ser ainda mais complexificado por um certo "vácuo" do elemento subentendido do seu eventual *tomar de conta* futuro.

São Paulo: a vida no *mundo*

Depois dessas décadas em São Paulo, tia Itamar voltou para Canto do Buriti, para suas *origens*. Minhas tias sempre afirmaram que ela mantinha uma poupança, para caso viesse a morrer em São Paulo, alguém pudesse transferir o corpo dela para Canto do Buriti para que lá fosse enterrada. Por mais que quisesse voltar, tia Itamar sentia certo deslocamento que expressou na seguinte frase: "Lá em São Paulo eu me sentia estranha. Tinha minhas amigas, saía, mas me sentia estranha. Aqui eu sinto a mesma coisa". Essa frase acima foi proferida depois que conheci sua casa e ela me disse que não se arrependia de ter voltado, mas que com o dinheiro que tinha, poderia ter comprado outro apartamento em São Paulo e ficado por lá. Lá em São Paulo não era sua casa e tampouco em Canto do Buriti parecia ser. De qualquer forma, foi ali que ela decidiu tentar ficar e viver. Esses descolamentos entre *mundo* e *origem* consituem narrativas de um não "verdadeiro" pertecimento, pois ela tentava agenciar dois *costumes* e com isso ficava no meio do caminho. Podemos considerar nesses termos ela enquanto alguém que organizava sua vida entre-fronteiras (Anzaldúa, 2005).

Como tia Itamar, Rosa também era negra, morava sozinha, não tinha filhos e tampouco casou. Creio que essa biografia tão parecida das duas fez com que ocorresse certa identificação entre elas e daí surgisse uma amizade. Rosa me foi apresentada por tia Itamar e me disse que em Canto do Buriti "no final de semana ainda é pior, não tem nada pra fazer. Lá em São Paulo pegava uma condução e ia pro shopping, Carrefour, lojas americanas, aqui não tem nada, nenhuma distração". Rosa com o *costume* que tinha de São Paulo reclamava constantemente de Canto do Burti e da falta que sentia de São Paulo. Sempre que o final de semana chegava eu pensava na Rosa, porque eram os dias que mais ficava reclusa, em sua casa e me fazia pensar em sua frase de que "domingo é que nem um pesadelo". Conversei com tia Itamar sobre a Rosa e ela afirmou que

> Ela comprou, reformou essa casa, mas não gosta dela. No fundo, no fundo, ela não gosta é daqui. Se sente só. Não gosta da vida parada, mas porque se acostumou com a correria de São Paulo. Se sente só. Eu sei como é isso, mas como na vida toda eu fui só... Ela gosta de Shopping, de sair, e aqui não tem essas coisas. Cê acredita que ela vai no centro até duas vezes por dia? A irmã dela mora aqui e até chama ela pra ir. Mas a irmã dela tem marido, filho, aí fica chato né... Mas São Paulo não é melhor, é que a gente tá acostumada com a correria. (Diário de Campo, abr. 2019).

São Paulo era usado pelas duas como comparação para tudo, desde as pessoas até a temporalidade da *vida*. Tia Itamar entendia a solidão que Rosa sentia e por isso traduzia os afetos da amiga. Da mesma forma que Rosa não se sentia confortável em estar na casa da irmã Francisca, pois a mesma tinha um emprego, filhos e maridos, tia Itamar não se sentia confortável em estar o tempo todo na casa dos parentes. Restavam as duas, como mulheres então aposentadas e "sozinhas", se *acostumarem* com a *vida*, com a forma de viver ali, com a forma de ser ali. Parecia um peso. Ao mesmo tempo em que ocorria a comparação com São Paulo, ocorria a comparação com a antiga Canto do Buriti. Um tempo em que "o povo era mais xucro, não tinha luz, era tudo mato e gente". Essa cidade tinha ficado em outro tempo e agora estava "mais desenvolvida, mas acho que era pra tá mais", como colocou tia Itamar:

> Aqui é entroncamento, quem vai pra todos os lugares passa aqui. Quem vai pra São Paulo, pra Brasília, ou quem sobe, passa por aqui. Era pra tá mais desenvolvido, mas tá bom. Tem hospital, posto de saúde, clínica, dentista. São Paulo como é muito grande é muita demanda. Lá você vai marcar uma consulta e só três meses depois. Aqui não. Tem médico duas vezes por semana e as vezes não tem gente pra atender. Aqui não arrumo mais o cabelo como antes e nem corto. O cabelereiro aqui é muito caro. Custa uns trinta reais um corte aqui e em São Paulo eu não pagava nem nove. (Diário de Campo, abr. 2019).

A comparação em relação a São Paulo não é apenas em termos favoráveis. Tanto tia Itamar quanto Rosa afirmam que em Canto do Buriti era muito mais fácil ter acesso a médicos, ao grupo de ginástica da terceira idade, além de ser o lugar em que tinham alguma rede de parentesco. A qual tia Itamar e Rosa poderiam recorrer em alguma emergência, mas isso não significava que com isso se sentissem menos sozinhas.

A ideia de uma Canto de Buriti mais "moderna" e "desenvolvida" em comparação a cidade no passado, não atenuava o fato de a cidade ainda ser "atrasada" em alguns outros pontos, como na ausência de entretenimentos com as quais elas já estavam *acostumadas*. Como tia Itamar afirmou sobre uma "conhecida" sua ali na cidade: "Ela vai e vem, ela não consegue viver aqui porque não tem shopping. Agora vê se pode, aqui não tinha nem lugar pra cagar que os porcos ficavam atrás da gente querendo comer as bostas". Era comum entre a fala das duas as diversas pessoas que já aposentadas ficavam transitando entre Canto do Buriti, São Paulo e Brasília. Entretanto, eram pessoas que tinham filhos e netos nessas respectivas cidades. Iam para passar meses de férias, fazer tratamentos de saúde, *tomar de conta* de algum neto que nasceu, pois as filhas precisavam trabalhar. Os acontecimentos e mudanças dos filhos nas outras cidades movimentavam também a *vida dos* pais e mães já aposentados em Canto do Buriti. Faziam então com que os pais deslocassem suas demandas e reorganizassem as próprias *vidas* para auxiliar os filhos. Essas demandas de lá para cá movimentavam principalmente a *vida* das *véias*, já que os *véis* estavam mais afastados das demandas do *tomar de conta*.

Apesar de terem parentes na cidade, as duas não possuíam amigas além de uma a outra. Sentiam dificuldade em fazer amizade com outras *véias*. Rosa pelo fato de ser muito "fechada" e tia Itamar por ser "reservada". Além disso, afirmavam que nos espaços públicos de entretenimento como bares, bailes, shows, geralmente as mulheres iam acompanhadas dos seus respectivos maridos, companheiros ou namorados. As duas não tinham tais figuras em suas *vidas* e tampouco pareciam abertas para relacionamentos amorosos. Rosa não me relatou casos amorosos em São Paulo. Já tia Itamar teve alguns "namoradinhos", mas tinha um dentre esses que se destacava e seu nome era Beto. Ele ainda ligava para tia Itamar algumas vezes e prometia visitá-la alguma vez. Conforme a história dos dois foi se desenrolando enquanto eles se conheciam, entre as idas e vindas, Beto foi casado três vezes, mas nunca com tia Itamar. Ele era descrito como um homem boêmio e com vários filhos, mas o afeto da tia Itamar por ele era inegável e em um momento me contou que se tivesse tido um filho ou se casado, teria sido apenas com ele.

Entre o trabalho e os ônibus em São Paulo, havia espaço para o afeto romântico, para os sonhos e planos. Em meio as suas *lembranças*, tia Itamar guardava espaço para o carnaval, fato que me confessou após eu lhe dizer que era minha festa preferida do ano. Ela afirmou aos risos que talvez isso eu tivesse herdado dela. A *vida* era feita e refeita pelas pequenas *lembranças* que acompanhavam o curso de vida dessas pessoas que *caíam pra idade*. Com isso, elas poderiam reformular outras versões de si, podiam revisitar pessoas que já não estavam presentes fisicamente. Isso fazia com que as comparações com a vida atual fossem inevitáveis, ainda mais quando falavam da condição corpórea.

Tia Itamar tinha o que chamava de "vínculo com a cidade", ela nasceu ali. Estar e voltar também foi uma tentativa de retomada de "vínculo" dela para com a cidade, sua mãe e em algum nível eu sinto que para com ela mesma. O que moldava essas mulheres como Rosa e minha tia não havia sido a maternidade, apesar de terem sido *tomadoras de conta* em muitos níveis, como de crianças no caso da Rosa e de "idosos" no de tia Itamar. O que dava ordem ao mundo era o trabalho.

Elas moraram muitos anos como seus respectivos patrões e patroas. Quando não, acordavam as 4 horas da manhã de segunda a sábado para chegar ao trabalho e só voltavam para casa perto das 21 horas da noite. Se aposentar e voltar era encarar esse processo da *vida* ao mesmo tempo em que tentavam compreender o que eram sem o trabalho. Foram muitas as vezes que as duas me disseram que: "Se eu tivesse condição de trabalhar eu taria em São Paulo, não aqui". O que as impedia de voltar era o ter "condições" que se configurava em não ter dinheiro para se sustentar em São Paulo após a aposentadoria, assim como as dores físicas.

Tia Itamar tinha constantes dores nas costas, mãos e pernas. Caminhava com dificuldade e tinha labirintite, além de pressão alta. Já Rosa dizia sentir dores menores, se dizia preparada para trabalhar, mas afirmava que não tinha como se manter financeiramente com apenas uma aposentadoria em São Paulo. Rosa contou para mim e tia Itamar, enquanto tomávamos um café na casa da minha avó, que ficou sabendo de uma mulher na cidade que estava precisando de uma empregada doméstica para cozinhar e estava pensando em se candidatar para a vaga.

Eis que após conversar com a possível patroa sobre o salário, afirmou que era um pagamento de 250 reais por mês para lavar roupa, cozinhar todas as refeições e limpar a casa. Não havia carteira assinada. Na hora da conversa fiz questão de expressar que aquele serviço era um tipo de exploração pelo dinheiro que seria pago. Rosa concordou, mas ficou ainda pensando sobre os benefícios de trabalhar. Tia Itamar de forma enfática disse: "Rosilda, você não vai pegar esse trabalho. Você não sofria esse tipo de humilhação para o povo de São Paulo, pro povo daqui é que você não vai. Você não tá passando fome, Rosilda". Depois disso, em outro dia, Rosa me contou que foi a casa da mulher para um dia de teste e que realmente era muito trabalho, que não conseguiria ir por causa do esforço e afirmou que "eu não sabia fazer as comidas que ela queria, comidas daqui". Rosa tinha o *costume* das comidas de São Paulo.

"Desde que me conheço por gente é trabalhando", me disse tia Itamar. Por mais que elas quisessem continuar com o trabalho, a fragilidade do corpo *que caiu para a idade* ia se mostrando em face à *luta* que configurava o trabalho e a *vida*. De certo modo o trabalho para ambas parecia ser uma espécie de dispositivo ontológico, que dava sentido às compreensões de si, às suas subjetividades e que isso ainda as mobilizava e interpelava de algum modo. Mesmo assim, as duas não conseguiam dormir até mais tarde, por exemplo. Elas acordavam antes do sol nascer por causa do *costume*. Com isso, apostavam nos afazeres doméstico como uma forma de passar o tempo ou nos programas de televisão. Rosa afirmou um dia que não fazia todos os serviços domésticos em apenas um dia, pois senão ficaria sem ter o que fazer nos outros dias. Fazia tudo de pouco em pouco.

A TV se tornava uma companheira e fazia o papel de afastar o silêncio de dentro de casa. As duas nunca tiveram animais de estimação em São Paulo, já que o trabalho impossibilitava, mas ao chegar em Canto do Buriti tia Itamar adotou o Leon (seu cachorro) e Rosa pegou uma gata que achou na rua. Os bichos serviam também como companhia, além de alguém para quem pudessem executar algum trabalho. Como disse tia Itamar: "Quando você fica véia tem muita coisa a favor e contra você". As coisas a favor se configuravam em ter mais tempo para si e o direito a aposentadoria. As ruins se configuravam na solidão, na falta de *costume* com o tempo livre, nas dores físicas e novas limitações que o corpo começava a apresentar. E esses prós e contras iam sendo medidos e experimentadas no cotidiano em Canto do Buriti.

Tia Itamar e eu combinamos com a Rosa de ir ao festejo de Santo Expedito. Tia Itamar chegou na casa da minha avó e depois fomos até a casa da Rosa que ficava uma rua acima a da minha avó. Essa última se recusou a ir e me pediu para que lhe trouxesse algo para comer do festejo, já que haveria várias vendinhas de comidas com arrumadinho[36], caldos,

---

[36] "Arrumadinho" é um prato composto por creme de galinha (feito de milho com frango desfiado), paçoca (carne de sol com farinha) e Maria Isabel (carne de sol com arroz).

Maria Isabel[37], dentre outros. Tia Itamar chegou num vestido preto na altura dos joelhos bem bonito e sandálias pretas. Eu coloquei um vestido na altura dos joelhos, sem decote e na cor branca. Caminhamos em direção a casa da Rosa, mas assim que chegamos no seu portão ela apareceu com um vestido, perguntou como estava e se achávamos que a sandália de dedo que ela usava combinava com seu vestido.

Afirmamos que estava bonita e então ela levantou a saia e mostrou os joelhos. Seus dois joelhos estavam ralados e o joelho direito parecia sangrar um pouco. Preocupada, logo perguntei o que tinha ocorrido. Rosa contou que tinha caído no banheiro. "Não sei o que me deu. Eu fui virar e tropecei no degrau do banheiro para o corredor. Quando eu vi tava no chão", afirmou. Rosa disse então que iria trocar o vestido por uma calça, pois tinha medo que os joelhos começassem a sangrar e que as pessoas ficassem olhando. Ela entrou para trocar de roupa e em seguida fomos para o festejo. Coincidentemente, na mesma semana ao irmos a outro dia do festejo, no caminho de volta, eu vinha de braços dados com tia Itamar. Ela tropeçou e caiu de joelhos no chão, mas como estava apoiada no meu braço direito consegui amortecer sua queda.

Esses episódios me lembravam e lembravam às duas de como seus corpos começavam e passavam a funcionar. E para mim era estranho, pois as duas pareciam extremamente ativas e com energia para executar diversas atividades. Só que esses episódios iam demonstrando que o corpo começava a apresentar outros tipos de limitações. A queda da Rosa em casa me preocupou mesmo quando fui deitar naquela noite. Ela estava sozinha em casa durante a queda. E se tivesse batido a cabeça? E se ficasse inconsciente? A quem ela recorreria? A quem pediria ajuda? Ao mesmo tempo lembrei que tia Itamar também morava sozinha e poderia passar pelos mesmos episódios que Rosa. Na minha segunda semana na casa da minha avó recebemos a visita de Dora, sua conhecida. Essa última estava construindo uma casa no fundo do seu quintal e minha avó perguntou para quem seria a casa. Dora respondeu que seria para seu filho, para que ele viesse morar mais perto e concluiu: "E se eu cair e precisar de socorro? Quem eu vou gritar? Tem que ter algum minino perto de mim!". A quem Rosa e Itamar gritariam?

Provavelmente pediriam ajuda dos vizinhos, mas de quem receberiam *o tomar de conta* diário caso o ferimento fosse mais grave? Prova-

---

[37] Maria Isabel é um prato feito de arroz com carne de sol.

velmente de uma parente mais próxima como irmã ou sobrinha. Mas a questão é que nenhum dessas prestações de *tomar de conta* eram vistos como "obrigatórios" por elas, pois as parentes tinham "a vida delas". Quem costumeiramente desempenhava esse papel era uma *filha-mulher* e na ausência dessa, um *filho-homem*. Com a ausência desses o *tomar de conta* de outro parente acabava sendo como da ordem do "favor", da "caridade". Foi assim que um dia cheguei a casa da tia Itamar e a encontrei extremamente chateada. Prontamente perguntei o que estava ocorrendo. Ela disse que: "Carlim e a Ceição se mandaram pra roça e nem avisaram nada. E se eu precisasse deles?". Tio Carlindo era o irmão de tia Itamar e da minha avó. Conceição era a esposa do tio Carlindo. Já tia Itamar vinha tendo crises fortes de labirintite, tanto que comecei a levar o almoço que eu fazia para mim e para minha avó para ela também, para que não precisasse cozinhar. Ela disse que continuava com as crises de labirintite. Mostrou que estava tomando remédio e evitando "comida escura", por causa da labirintite. De acordo com ela foi algo receitado pelo médico. Me contou que só estava tomando sopa e que guardaria a panqueca que prometi trazer no dia seguinte.

> Lá em São Paulo minhas amigas torcem por mim. Aqui só tem os parentes, não tem amizade. Me sinto só. Vim de São Paulo há dois anos. Vou fazer terapia, fui no psicólogo hoje. Já fui duas vezes me benzer. Seu Zé disse que eu tô com a arca caída. Foi uma mudança muito rápida aqui e eu sinto que sou só. Tô me sentindo só, me sentindo vazia. Lá (São Paulo) eu corria o dia todo. Eu disse pra Nita (apelido de minha avó). Ela tem sorte de ter as meninas dela, por mais que não queira sair daqui. **E eu que não tenho ninguém? Eu me sinto tão só. Eu me sinto tão só. Eu me sinto tão só.** (Diário de Campo, maio 2019, grifos meus).

A *correria* de São Paulo foi substituída pela *vida parada* de Canto do Buriti, a rápida mudança e a solidão eram processos que tia Itamar elencava como responsáveis pelo seu adoecimento. Essa narrativa da tia Itamar me pegou desprevenida. Tanto que tentei consolá-la, mas sem sucesso. E eu também tinha que voltar para *tomar de conta* da minha avó. Era a justificativa que eu tentava dar para mim. Sei que nos dias que se seguiram eu não consegui mais ter longas conversas com minha tia e passava apenas para deixar o almoço. Eu percebi depois que estava me protegendo da tia Itamar.

Explico melhor, tia Itamar nos primeiros dias se mostrou uma mulher tão ativa, enérgica, "desenrolada". Me apresentou a casa da minha avó, as pessoas, Canto do Buriti. De um dia para o outro vi aquela pessoa entrar em processo de sofrimento e adoecimento. "Um vazio no peito, um buraco", como ela colocou. Perguntei posteriormente se por acaso ela poderia ter depressão. "Eu já tive depressão em São Paulo. Procurei um psicólogo hoje. Pensei em trancar tudo aqui e ir embora. Nunca pensei que taria assim hoje (começou a chorar)", disse ela.

Fechando o campo?

A euforia dos primeiros dias que ela emanava, era também minha euforia. De alguma forma a tristeza e solidão dela me atravessavam e percebi que eu estava de mãos atadas em relação ao que eu poderia fazer por ela. Em poucos meses eu iria embora, mas diferentemente de outros contextos de pesquisa, aquele era também um problema de família. Tia Itamar não ficaria no campo, ela também iria para casa comigo nas mensagens que continuaria me mandando perguntando como eu estava, pois além de uma das minhas principais interlocutoras, também era minha tia-avó.

Mesmo que eu não pudesse resolver o problema de tia Itamar eu me perguntava se minha empatia e afeto por ela talvez pudessem estar atrapalhando a pesquisa. De algum modo para além de "atrapalhar" elas certamente estavam apresentando novas modulações e problemáticas produtivas para analisar. Era um campo em processo que não iniciava e não terminava exatamente como numa entrada e saída de campo "tradicionais" na antropologia. Como lidar com os sofrimentos da minha tia que não acabam apenas nas narrativas, mas que me acompanhavam para casa? Essa era uma pergunta um pouco mais incômoda para a qual eu não tinha resposta.

Bom, se constantemente tenho pensado que as pessoas estão em *vida*, em algum lugar desse caminho, esqueci que a *vida* da tia Itamar estava emaranhada com a minha. E dentro desse episódio de adoecimento dela, acabei informando a minha mãe e tias o que estava ocorrendo com ela. Ela perdeu muito peso, não cozinhava para si, fazia várias idas ao hospital e ocorreu uma mobilização das suas sobrinhas (*filhas-mulher* da minha avó) para que tia Itamar não se sentisse sozinha. Elas se revezavam em ligações para saber como tia Itamar estava e se mostravam prontas para recebê-la em suas casas para que fizesse exames para averiguar que doença lhe acometia, assim como para que ela passasse um tempo no *mundo*.

Tia Itamar afirmava, tinha sido a *ponte* para as filhas da minha avó e de outros parentes no Canto do Buriti, para que essas parentes tivessem casa onde ficar em São Paulo, arrumar um trabalho e depois construir a própria *vida*. "Não é fácil ir assim com a mão na frente e outra atrás sem conhecer ninguém. Sua tia já foi pra São Paulo porque eu jantava lá, sua mãe, seu tio. Tinha uma ponte lá", dizia tia Itamar. Conforme ela ia agregando e auxiliando a chegada de outros parentes, esses últimos iam se estabelecendo em São Paulo e aumentando a rede de recebimento de novos parentes em São Paulo. A *ponte* inicial que havia sido tia Itamar, abria margem para novas *pontes* e aumento da rede de parentesco na própria cidade.

Itamar foi a *ponte* de uma família do interior piauiense para uma grande metrópole do país. Dessa forma ela também contribuiu para a mudança no cenário de uma família que passou a se dividir entre *origem* e o *mundo*. É interessante como Gilberto Velho (2012) reuniu sua experiência e relação como patrão branco com suas empregadas negras. Ele conseguiu uma interessante reflexão onde afirmava que as empregadas domésticas em um contexto de metrópole funcionavam como agentes responsável por levar e trazer informações de um universo de classe popular para o de camadas médias e altas, como também o contrário. A *ponte* poderia ser classificada em termos de um indivíduo que:

> Percorrem a metrópole, em ritmos e velocidades diversifi-cados, fazendo novas combinações, juntando fragmentos e pedaços de vários mundos, numa fascinante bricolage. Longe de serem meras sobrevivências de um passado arcaico, são ativas construtoras de novos mundos, em que hierarquia e individualismos, tradição e modernidade são transformados em instigantes metamorfoses. (Velho, 2012, p. 27).

Essas mulheres funcionam como uma *ponte* entre diferentes contex-tos. Não apenas entre o centro e a periferia, mas entre a própria metrópole e as cidades do interior do país. A maioria das empregadas citadas por Velho (2012) que passaram por sua casa eram negras e derivavam de contexto nordestino, mas a empregada que mais tempo ficou em sua casa era justamente uma que não tinha filhos e tampouco marido. Deja, como ela a chamava, trabalhou durante 35 anos em sua casa e era considerada uma "cozinheira de forno e fogão". Entretanto, ao Deja envelhecer, se aposentou pelo INSS[38] e nas palavras do autor "retirou-se do serviço cansada e com problemas de saúde". Em seguida o autor narrou os desafios em encontrar uma nova empregada doméstica. Apesar de a história de Deja termina, no artigo do autor, ela começava na *vida* dessas mulheres que *criaram* de certa forma outras pessoas (como o próprio autor).

Com pesquisa realizada na periferia de São Paulo na década de 1990, Cynthia Sarti (1994) trouxe importante reflexão sobre a família e o trabalho como aspectos centrais para a organização da vida moral e social das famílias pobres, periféricas e subalternizadas. As famílias localizadas nessas periferias que viviam em São Paulo eram em sua maioria composta por migrantes nordestinos. Esses, migrantes principalmente dos anos 1960 e 1970. Dessa forma, a categoria "pobre" trabalhava em oposição a de "rico". A pesquisa focava também na relação das pessoas pobres com a "família" e o "trabalho" e de como essas categorias eram indissociáveis, organizam a vida social dessas famílias, eram morais e moralizantes de todo um universo social.

E essa relação entre as categorias citadas acima ficavam imbricadas por toda a *vida* da tia Itamar e da Rosa, pois a família constituida a partir do trabalho, família, relações de gênero, são também uma "questão ontológica para os pobres. Sua importância não é funcional, seu valor não é meramente instrumental, mas se refere à sua identidade de ser social e serve de parâmetro moral para sua explicação do mundo" (p. 61). Não era à toa que as três estruturavam a *vida* por intermédio das narrativas de trabalho atreladas a *correria* do *mundo*. Assim como colocavam a ausência do trabalho e como isso impactou na sua nova forma de tentar organizar suas existências em uma *vida parada*, sem trabalho.

Vale ressaltar que eu acompanhei essa mudança de ritmo de *vida* da tia Itamar e da Rosa nos seus dois primeiros anos de aposentadas. Esse sentimento de ausência e a tentativa de reorganizar a *vida* estavam extremamente frescos e latentes[39]. Isso desliza na importância também

---

[38] Instituto Nacional do Seguro Social.

[39] Há toda uma ampla literatura na sociologia do trabalho e na antropologia da velhice que pensam sobre a relação dos deslocamentos ontológicos, da compreensão de si no mundo, a partir da aposentadoria e afastamento do mundo formal do trabalho e que não terei condições de trazer ao presente livro. Como o livro de Guita Grin Debert (1999), *A Reinvenção da Velhice*, apontando que para as interlocutoras, majoritariamente brancas e de classes médias em São Paulo, a aposentadoria, e em particular o falecimento de eventuais esposos, muitas vezes indicava uma abertura de um campo de possibilidades de uma vida excitante que não havia até então. Talvez para Rosa e tia Itamar esse campo de possibilidades não era tão expandido pelas questões de raça, classe, cidade pequena, poucas alternativas de socialização e diversão para além do que é oferecido pela rede de parentesco e amizades próximas.

da família como organizadora do mundo social não apenas das mulheres, mas principalmente das mulheres pobres dada a carga estruturadora do mundo moral delas. Não é então apenas um voltar para suas *origens*. É também um voltar para suas famílias, mas quando voltam, muitas vezes encontram essas famílias com arranjos diferentes do que deixaram ao migrar. A ponte, o rio e as peregrinas se transfomaram no caminho.

São Paulo virou aquele espaço que figurava na paisagem das *lembranças* quando estava, em Canto do Buriti. Era a cidade em que tia Itamar via as pessoas dormindo em pé nos ônibus cheios ainda de madrugada e a medida em que foi *caindo pra idade* acabou fazendo o mesmo (*caindo para a idade* e caindo para a cidade em termos dos *costumes*, pois estes também diziam respeito ao momento em que se vive certa questão na *vida*). "Perdi as contas de quantas vezes eu perdi o ponto por que dormi", contava, mas se orgulhava de ser "em São Paulo do mesmo jeito que sou aqui. Cuido das minhas coisas, não peço nada a ninguém". Essa independência em São Paulo, tanto dela quanto da Rosa, era exercida em ir tocando o curso de vida conforme suas vontades e desejos, pois ainda não eram *véias-véias*.

Elas estavam *acostumadas* a ter e exercer autonomamente suas decisões em relação a como organizar suas *vidas*. Ao irem para Canto do Buriti e com o constante declínio corpóreo, passaram a depender de outras pessoas com mais frequência, principalmente parentes próximos. Rosa sabia que sua irmã Francisca tinha sua vida em família para tocar, ao mesmo tempo em que tia Itamar não contava com a ida de minha avó Anita para Brasília, como contado nos capítulos anteriores. Nisso, ela reclamava constantemente da "desunião" entre os parentes que estavam na cidade. Muitos se envolveram em conflitos por causa de heranças deixadas, lotes que foram vendidos, conflitos em torno de dinheiros que desapareciam. "A família aqui tá desunida. Um tá brigado com o outro. Isso é um absurdo. Tem gente que passa e nem se fala mais. Passa e finge que nem se conhece. Antigamente comia do mesmo prato...".

Quando a família opera enquanto valor moral, a partir do momento que tia Itamar e Rosa não cumprem as expectativas reprodutivas, que são vistas como essenciais para o estabelecimento de uma nova família, como cumprir o papel de mãe e esposa, elas são relegadas muitas vezes à condição de mulheres que "não tem". "Lurdinha parece que vai ficar que nem Itamar, sem filho e sem marido.", me disse uma parente nossa sobre sua neta. "Como vou pro almoço do dia das mães se não fui mãe?", me perguntou tia Itamar sobre a sua ida para um evento na cidade resguardado para as mulheres que eram mães e avós do grupo Viver na Melhor Idade que ela e Rosa frequentavam. Esses, eram valores centrais na cidade.

E estar em uma condição de ausência de filhos, maridos, de uma família nuclear que deveria ter obrigação de lhe prestar um *tomar de conta* quando virasse uma pessoa *de idade* deslizava para o *status* de ambas como "pessoas sozinhas". Porém, ao tia Itamar me perguntar se seria de bom tom que ela fosse à reunião dos dias das mães do gurpo Viver na Melhor Idade, respondi a tia Itamar que ela e Rosa tinham o direito de ir ao evento, pois tinham *criado* muitas sobrinhas, muitos filhos de patrões em São Paulo, enfim, muitas outras pessoas e assim também haviam sido "mães". E foi assim que acabamos as três indo ao evento do dia das mães e avós do grupo da terceira idade.

Tia Itamar continuou com suas crises de labirintite, insônia e perda de peso. Uma semana antes do fim do campo e com seu adoecimento, acabou indo várias vezes ao hospital local tomar soro na veia. Geralmente foi acompanhada pela Conceição, sua cunhada e mulher do tio Carlindo. Chegou ao ponto do tio Carlindo acordar bem cedo para marcar um psicólogo no posto de saúde local. Tia Itamar foi em duas consultas, pegou alguns medicamentos para dormir que ao longo de alguns dias acabaram perdendo o efeito. Uma semana antes de vir embora minha mãe acabou encaminhando um áudio para mim da tia Itamar. Entrei para o meu quarto e comecei a ouvir o áudio. Nele minha tia afirmava que estava pensando em "passar uns dias" em Brasília conosco e depois ir para São Paulo. Ainda dizia que:

> Tô pensando em sair um pouco daqui. Sair fora daqui um pouco. Eu não sei. Vê se eu descanso minha cabeça, vê se resolve. Eu não sei. Tô pensando seriamente de sair fora daqui. Eu preciso ter um pouco de paz e aqui eu tô desassossegada. Não tenho paz. Tô sozinha. Só na casa do Carlindo o tempo todo. Vou lá, fico um pouco por lá, mas é só onde eu vou. Não vou mais na casa de ninguém. E aqui tô me sentindo muito só. Não sei. Construí essa casa. Tava bem. Tava ótima. Tava feliz da vida. Já até falei com o minino pra tomar conta da casa. Vê se fica. E aí vou deixar a casa na mão dele e sair daqui. Ficar fora aqui um pouco. Não tô gostando de ficar aqui não. Queria sua opinião. Queria saber se dava pra vocês me aguentarem por aí uns dias né. E é isso. Eu tô muito sei lá. Uma hora eu gosto daqui. Outra eu não gosto. Uma hora quero ficar aqui, outra não

> quero. Tô muito inquieta. Meu coração não tá em paz, não tá quieto, tá inquieto. Eu tô inquieta e isso não me faz bem. Não sei o que vou fazer e queria a opinião de todo mundo pra saber o que fazer pra não fazer besteira de novo. (Diário de Campo, abr. 2019).

A circulação de informações na família continuava e a narrativa acima era um bom resumo de toda inquietude da minha tia Itamar, como ela mesma afirmou. A casa ficaria sobre os cuidados de um jovem casal que já prestava pequenos serviços par ela. Ao mesmo tempo ela procurava a opinião de toda a família acerca do que ela estava prestes a fazer e se aquela era a decisão acertada. O tema foi sendo deliberado por minhas parentes por WhatsApp. Percebi naquele momento que mesmo com a família entre a *origem* e o *mundo*, os aplicativos de comunicação rápida eram como passavam a saber das notícias, dos problemas e das soluções para nossa respectiva família. Era por meio deles que conseguíamos manter nossa família "unida". O espaço físico da *origem* era importante como referencial histórico e efetivo da família, mas era a tecnologia que ajudava a dar liga aos afetos, as continuidades e as resoluções dos problemas cotidianos que surgiam.

E foi assim que todas minhas tias, minha mãe, minha avó e o tio Carlindo afirmaram que a decisão mais correta era a de que tia Itamar fosse embora comigo e minha avó para Brasília para que pudesse fazer exames de saúde e também respirar um pouco novos ares. A "besteira" a qual ela se referia no trecho acima era a de construir a casa em Canto do Buriti e sair de São Paulo. Tia Itamar passou a chamar sua casa, que tanto lhe dava orgulho no início da pesquisa, de "elefante branco". Foi então que pouco depois recebi um áudio dela por WhatsApp me contando da decisão.

> Clara, eu tomei uma decisão. Vamos ver se eu consigo passagem pra ir pra Brasília com vocês no mesmo ônibus. O Carlindo me aconselhou pra fazer esses exames em São Paulo e Brasília. Então vamos ver se a gente consegue passagem pra gente ir junto. Tá bom! E aí quando chegar aí eu converso contigo na casa da minha irmã. Aí eu converso contigo pra ver se consegue passagem pra ir com vocês. Beijos. Tchau. Tchau. (Diário de Campo, jun. 2019).

A época do campo eu não pensava a pesquisa pelos mesmo parâmetros no qual escrevo nesse momento o presente livro. Lembro que ao receber as informações acima minha cabeça deu um giro em 360 graus em que eu só pensava: Perdi o controle de tudo! Tá tudo desmoronando! Meu campo acaba em 7 dias, como ela vai embora com a gente? O campo vai continuar com a ida dela? O campo vai continuar com ela lá? Minha falta de controle da situação me paralisou. Tanto que eu mal consegui escrever o diário de campo no dia e simplesmente fui dormir. Resolvi conversar com meu orientador Carlos Eduardo Henning sobre o impacto dessa decisão e de forma lúcida ele me lembrou sobre o tempo da nossa pesquisa, que a mesma é apenas um recorte temporal arbitrário e que dessa forma a pesquisa poderia se estender à Brasília ou o seu fim poderia ser delimitado a partir da nossa volta para Brasília.

Ele me lembrava ainda que a pesquisa seguia o ritmo da *vida* e sobre a última não possuímos controle sobre os caminhos que seriam tomados. De que a *vida* não era interrompida quando queríamos ou seguia quando apertássemos um botão. Tia Itamar era minha parente, minha tia-avó, não era apenas minha interlocutora. Talvez o campo acabasse (e acabou em parte) em sete dias. Ela veio conosco e ficou aqui em casa por aproximadamente um mês. Percebi, contudo, que não era a pesquisa que terminava, mas o campo. O tempo da pesquisa me acompanhou, quando ainda escrevendo o livro e perguntava a tia Itamar sobre fatos e histórias que havíamos vivido em campo. Ela confirmava nome de pessoas, dizia como se sentia em relação a coisas que estavam escritas nos meus diários de campo, me mostrava as fotos que eu tinha tirado em campo. Aqui em Brasília apresentei ainda para ela e minha mãe minha primeira versão de um curta-metragem sobre o campo.

E foi assim que após eu colocar o curta com 15 minutos e 9 segundos para essas duas Cantoburitienses, percebi que elas viram, *lembraram*, "remontaram tempos" que não estavam na tela, falaram. "Essa menina vivia com essa câmera na mão", disse tia Itamar rindo. Vendo o curta, longe de Canto do Buriti, ela entendeu o porquê da câmera na minha mão e eu aprendia que essa pesquisa (ou o interesse pelo desenrolar da sua *vida* com curiosidade antropológica, para além do familiar) talvez nunca acabasse. Nossas idas ao shopping, restaurantes e parques me lembravam de Canto do Buriti, me lembrava da falta que ela tinha desses entretenimentos e também da Rosa. Foi aí que entre dias depois do campo e já em Brasília, que tia Itamar me lembrou: "Rosilda deve tá se sentindo tão só agora que a gente veio embora...".

Creio que não sou apenas a única afetada por esse campo. Não foi à toa que tia Itamar quis voltar comigo para minha casa. Não foi à toa também que no último dia de campo, ainda cedinho, Rosa bateu na porta da casa da minha avó com café feito e quentinho. Eu tinha comentado no dia anterior que não haveria como fazer café cedo, pois o pó tinha acabado e não teria como eu ir em cima da hora, pouco antes de viajarmos, comprar. Ela bateu na porta, entrou, tomamos café juntas. Rosa comentou: "Engraçado que mesmo eu sendo véia e você uma moça, a gente virou amiga, né?". Eu, muito emotiva, fiquei chorosa. Rosa percebeu e sorriu. Concordei com ela. A muito reservada Rosa havia ficado confortável comigo, assim como com tia Itamar. Ao mesmo tempo, Rosa virou Rosa apenas depois da minha chegada em campo. Seu nome é Rosilda, mas assim que a conheci perguntei se eu poderia chamá-la de Rosa, pois seu nome me lembrava uma. Naquele momento, já na nossa apresentação, ficou consolidado que nossa relação seria de proximidade. No fim do campo, minha tia Itamar, as *véias* do grupo Viver na Melhor Idade, todas a conheciam e chamavam-na como Rosa.

Nós ficamos em campo e as vezes o campo vive em casa com a gente. Acredito que minhas perguntas sobre suas *vidas*, histórias de vida, decisões, como se encontravam naquele momento, faziam com que elas também refletissem seus processos que estavam tão frescos. Elas faziam as revisões de suas *vidas* para mim, mas também para elas. Por vezes conversávamos e elas também não sabiam me responder porque algumas decisões haviam sido tomadas, porque algumas escolhas foram feitas e acredito que após minha partida, as questões também ficavam lá. Pesquisando, fotografando, filmando, perguntando sobre suas *lembranças*, interessada no percurso biográfico de ambas, mexendo em assuntos delicados da família, todas essas questões podem ter impactado inadvertidamente os projetos delas de *cair pra idade*, pós-aposentadoria. Não é à toa que minha tia quis voltar comigo para Brasília. Isso, em si, era significativo para mim. A antropologia não está interessada na "verdade", no sentido jornalístico da vida como uma informação, mas no ponto de vista de cada história. Nisso, eu parecia, sem nem perceber, estar afetando os projetos delas para o fim da *vida*. Se por um lado a família, trabalho e cidade eram produtoras de ontologias, subjetividade, etc., minha presença e meu retorno a metrópole parecia lembrá-la de todo esse contexto. Tia Itamar parecia estar recusando ou resistindo a considerar a volta a Canto do Buriti como uma espécie de capítulo final, o fim da *vida*, a ausência da necessidade de estipular e manter projetos.

Procurei apresentar com esse capítulo como as *meninas* e *moças* ainda nos anos 60 e 70 migraram para São Paulo e construíram uma *vida* nessas metrópoles. Apesar disso, elas não foram como outras mulheres que lá ficaram, elas decidiram voltar para suas *origens* desse *mundo*. Quando voltam tiveram que lidar com o declínio corpóreo de *cair pra idade*, com a *correria* que não mais organizada a *vida* e tampouco o trabalho remunerado fora de casa. Passaram a organizar dois *costumes* em uma mesma *vida*. Além disso, lidavam também com a família que não era mais a mesma que deixaram ao irem para o *mundo* e com os conflitos constantes das famílias que estavam entre mundos. Passaram a rever (com a ajuda da pesquisadora) o curso das suas vidas, suas decisões em relação a ausência de filhos, assim como a de um marido. O curso da vida é extremamente demarcado e modulado pelas acepções de classe, raça, gênero, escolaridade, etc. e como percebemos inclusive pela decisão em relação à vida reprodutiva.

Em abril, enquanto eu almoçava na casa tia Itamar, passei a fotograr seu cachorro Leon. Após me ver fotografando ela foi ao quarto e trouxe um álbum de fotografias para que eu pudesse ver. Enquanto víamos as fotos ela disse: "Pra mim as fotos são *lembranças*. Nessa eu tava com uns 25". As fotos eram de shows, casamentos, festas de ano novo. "Só ficam as *lembranças*", disse ela saudosa. Mostrou outras fotos e nessa ela estava cozinhando e com um fogão ao fundo. Ela disse: "Eu como sempre em volta das panelas". Alguns almoços com suas amigas também estavam entre as fotografias. Num determinado álbum ela começou a me mostra a foto de cantores como Leonardo, Daniel. Disse que nessa época era "tiete". Fotos da Claudia Raia e seu então ex marido Edson Celulari também surgiram. "Tem horas que bate uma saudade vendo essas fotos". O batismo da minha prima Júlia também estava presente. Ela pegou outro álbum para folhear e me mostrou uma foto comigo em seu colo. Eu era um bebê em São Paulo, acho que a foto era do meu aniversário de dois anos. Como ela me disse: "Os anos passam e a gente nem vê". Eu estava entre as *lembranças* de tia Itamar e ela passava a partir da pesquisa ser parte constituinte das minhas.

NOTAS FINAIS DE UM CAMPO PARA ALÉM DO CAMPO

> *Maria-Nova olhou novamente a professora e a turma. Era uma história muito grande! Uma história viva que nascia das pessoas, do hoje, do agora. Era diferente de ler aquele texto. Assentou-se e, pela primeira vez, veio-lhe um pensamento: quem sabe escreveria esta história um dia? Quem sabe passaria para o papel o que estava escrito, cravado e gravado no seu corpo, na sua alma, na sua mente.*
> (Evaristo, 2006, p. 138)

Uma conclusão pode ser muitas coisas. Ela pode ser o compilado de tudo que foi escrito, pode ser apenas os apontamentos do que não ficou bem acabado no livro, pode ser inclusive uma não conclusão. Percebi ao longo desse processo que acabo pensando em cenas e a partir das cenas começo a construir uma narrativa. Me perguntei então, por que eu não conseguia pensar em outra cena para terminar esse livro? A cena que me vinha a mente para começar a concluir a discussão era justamente referente ao AVC que minha avó Anita teve em julho de 2020. A partir desse episódio muitas coisas aconteceram.

Estávamos eu e minha mãe em casa, cozinhando, conversando sobre a *vida* quando recebemos um telefone da minha tia Regina. Essa, dizia que minha avó estava tendo um AVC e que minha prima estava levando a mesma para o hospital. E se minha avó morresse enquanto eu escrevia esse livro? Como seria a finalização desse capítulo das nossas *vidas*? Eu seria capaz de escrever isso aqui? O campo havia fechado, mas as relações de parentesco se desenrolavam em meio a uma pandemia, em meio ao *tomar de conta*, em meio as reflexões sobre a perenidade das nossas existências, da existência daqueles que amamos.

Depois da ligação da minha tia Regina, *filha-mulher* da minha avó, minha mãe comunicou todos os outros parentes da família sobre o que tinha ocorrido. Ela pediu para que todos se preparassem para uma provável morte da minha avó aqui em Brasília, no *mundo*. Isso me desmontava. Minha avó sempre dizia que queria morrer na sua casa, na sua cidade, na sua *origem*. E se ela contraísse covid-19 e não pudesse ser enterrada no seu chão? O corpo de quem morria com covid-19 não poderia ser transferido.

O corpo não poderia ser tocado. Os parentes apenas iam buscá-lo para enterrá-lo o mais rápido possível. Essa seria a despedida que eu teria da minha avó? Com o telefonema, minha mãe também avisou tia Itamar que estava em sua casa em Canto do Buriti, na nossa *origem*. A mesma, ficou aguardando o desenrolar das coisas aqui no *mundo*.

Tia Itamar e Rosa ficaram cada vez mais isoladas em suas casas, dado o andamento da pandemia, já que as atividades do grupo Viver na Melhor Idade foram canceladas visando a não propagação do vírus na cidade. Eu e minha mãe ficamos em casa aguardando notícias sobre minha avó que estava no hospital. O médico de plantão fez o teste para covid-19, que deu negativo. Fez alguns exames na minha avó e mesmo com parte do rosto dela torto ele recomendou que ela fosse para casa e que suas parentes procurassem um neurologista para acompanhar quais estragos o AVC poderia ter feito no cérebro dela. Tia Regina, sua *filha-mulher* e principal *tomadora de conta* mandou um áudio, ainda muito abalada, para minha mãe e a última saiu comunicando por meio de WhatsApp o diagnóstico da minha avó para os demais parentes.

Esse acontecimento passou a mobilizar minhas parentes-interlocutoras de várias outras formas. Perguntas surgiram como: "Mãe (minha avó) tem que voltar para casa dela. Ela não vai durar muito mais", disse minha mãe. Essa, outra *filha-mulher* da minha avó, levou a mesma ao neurologista poucos dias depois do AVC. O médico afirmou que o AVC agravou o quadro de "demência" na minha avó. Minha mãe voltou a ver minha avó uma semana depois do AVC e me disse: "Mãe mudou, ela tá mais esquecida, aérea, não sei...". Minha avó, uma *véia-véia*, passava a demandar mais *tomar de conta* dada a sua condição após seu adoecimento. Já minha mãe, começava a se inquietar com a *vida* da minha avó no *mundo*. Até as escritas dessas páginas minha mãe planejava em 2021 ir para a sua *origem*, para a casa da minha avó Anita tentar mais uma vez lá habitar. Ela viraria então uma *tomadora de conta* em tempo integral.

A solidariedade intergeracional entre essas *muiés* se desdobrava em afetamentos múltiplos de umas sobre as outras e sobre suas biografias. Por mais que fossem de diferentes gerações, essas *muiés* continuavam suas trocas por toda *vida* até que então tivesse fim. Elas se alimentavam respectivamente, se *criavam*, como *criavam* tantas outras coisas. As tantas outras coisas poderiam ser sumarizadas em filhos e filhas, netos e netas, casas, bichos, trabalhos. Elas *criavam* verdadeiros mundos envolta delas.

Esses, faziam também com que elas convivessem com o constante cansaço em toda essa *luta* consistia.

A mudança em um curso de vida, como o da minha avó (causada por esse AVC), acabava reverberando em todas as outras parentes, principalmente nas *tomadoras de conta*. Essas, viviam constantemente o dilema que resultava desse processo e repensavam os próprios cursos de vida. Há um embaraçamento desses corpos que compõe um grupo de parentesco. As obrigações da minha mãe para com minha avó chegavam até mim. Após minha mãe chegar do neurologista me perguntou sobre o que eu achava da sua ida para a *origem* e afirmei que compreendia, não apenas como pesquisadora, mas como parente. E ela respondeu: "Bom, eu *criei* você pro *mundo*. Tenho que pensar em mãe agora...". Era preciso pensar em tia Itamar também. Fazia mais de quatro meses que ela estava isolada em casa, saindo apenas para comprar sua comida, pagar as contas. Rosa também estava isolada em casa e trocávamos áudios no WhatsApp esporadicamente e ela me preguntou: "Quando será que isso vai passar?". Eu não tinha resposta. Ninguém parecia ter.

Ao ler todo o capítulo cinco de livro para minha mãe, tivemos uma conversa sobre tia Itamar. Sobre ela ainda ser uma *véia-nova*, mas que cada dia mais aparentava sinais de estar virando uma *véia-véia*. Fui direta e perguntei quem provavelmente *tomaria de conta* da tia Itamar. Minha mãe foi acertiva: "Vai ser uma de nós, filhas de mãe (minha avó). Sempre foi com a gente que ela teve mais ligação". A ligação se dava pelos vínculos travados tanto na *origem* quanto no *mundo*. Havia uma dívida da minha mãe e tias para com tia Itamar por ela ter sido a *ponte*. Por ter acolhido toda a família que começou a migrar para o *mundo* e nisso reconfigurou uma nova paisagem na família de *origem*, *criando* então uma "família origem-mundo".

Acredito que o presente livro não está interessado necessariamente em como o sangue faz parentesco, já que vimos que apesar dos meus laços consanguíneos com minhas parentes-interlocutoras (principalmente minha avó Anita e tia Itamar) nossas relações (minha relação para com elas) era de distanciamento. O presente livro se firma muito mais no terreno de como as "memórias de parentesco" e o "trabalho do parentesco" são processos de espessar relações, trocas e existências dentro de um grupo (Carsten, 2014). E esse "espessamento" foi produto e causador de uma pesquisa antropológica.

A minha posicionalidade em campo foi e isso desencadeou alguns processos: o primeiro era de extrema confusão em estar em campo com minha família; o segundo foi o de negar que minha família poderia ser alguma fonte de pesquisa "científica"; o terceiro foi de ainda em meio à confusão tomá-las como parentes-interlocutoras; o quarto estava imerso em como fazer dessa experiência em campo um processo de escrita. Esse último, esteve calçado em constante embaraço sobre o que contar, como dizer, na busca de estratégias em como fazer, o que mostrar e o que esconder. Foi então que o "espiar", o "ficar de olho", "ajudar" e a "escrevivência" (Evaristo, 2006, p. 11) acabaram virando ferramentas para pensar, fazer e escrever em meio aos parentes. Era um processo de múltiplas mãos, interferências e afetamentos.

Falar sobre minha família e grupo de parentesco era refletir sobre uma família que estava em transformação, descontinuidades e deslocamentos, assim como a *vida* das minhas parentes (assim como minha *vida*). As formas como elas estruturavam suas carreiras migratórias e como tentavam construir uma família "unida" e "forte", mesmo entre fluxos, mostrava como a família ou a ideia de "família" era importante para a constituição das minhas parentes enquanto pessoas. Isso atravessava, inclusive, os discursos que constroem e sustentam uma ideia de nação: "Pela família, eu voto sim!".[40] A "família", a disputa das narrativas que envolvem a família, ou a narrativa da família ideal, constituem fortemente concepções morais que interferem também nos processos políticos, econômicos, jurídicos, afetivos, morais e subjetivos.

O livro também buscou apontar como minha família, de certa forma, fugia da ideia "tradicional" de família. Diferentes tipos de famílias se organizam no nosso território e ajudam a compreender que não podemos construir, inclusive, uma ideia una de família ou de "roteiros de futuro bem-sucedidos" (Henning, 2016, p. 354). Como fui *lembrada* em campo, "Marido nem precisa tanto assim, mas sem filhos você fica sozinha". Isso apontava para uma outra ideia, dessas *véias,* de família. Era comum a ausência dos homens nos espaços de *criar*, de *tomar de conta*, de fazer-família. É notável, a partir das parentes que cito ao longo do livro, como, por exemplo, não sei o nome de nenhum bisavô meu, ou do meu avô

---

[40] Folha de São Paulo. *Veja frases dos deputados durante a votação do impeachment.* Disponível em: https://www1.folha.uol.com.br/poder/2016/04/1762082-veja-frases-dos-deputados-durante-a-votacao-do-impeachment.shtml. Acesso em: 30 jul. 2020.

paterno. Os homens vão se ausentando, vão indo embora, vão sumindo ou morrendo de forma precoce, como no caso do meu avô Luis.

Além disso, o ter filhos não dizia respeito apenas a carreira reprodutiva esperada para as mulheres. Elas falavam de uma outra coisa. Ter filhos estava intimamente atado ao cálculo do *tomar de conta*. Dona Ângela, vizinha da minha avó, afirmou para mim após eu contar que um filho seria o suficiente para mim: "Quem tem um filho só não tem nenhum. Tem que ter *filha-mulher* também. *Filho-homem* não dá pra contar tanto". Para ela, não era o *filho-homem* quem garantiria o seu *tomar de conta* quando *caísse para a idade* e virasse uma pessoa *de idade*. A solidariedade intergeracional era acionada de *muié* para *muié*, pois elas eram as responsáveis por *criar*, por *tomar de conta*, pela *luta*, por lidar com a ausência dos *filhos-homem*, dos pais, dos irmãos.

O campo também acabou produzindo uma nova *tomadora de conta* na família. Ao *tomar de conta* da minha avó Anita e voltar com ela para *origem*, consegui perceber que meu processo e movimento em campo não eram diferentes dos que outras parentes, como minha prima Tamires (filha da tia Regina), tia Itamar e minha mãe fizeram, faziam ou viriam a fazer. O que me diferenciava delas era a minha não familiarização com o que envolvia o processo do *tomar de conta*, principalmente todos os conflitos e cansaços que emergiam dele. Ao campo me transformar nesse aspecto, consegui inferir que a troca futuramente com minha mãe, quando ela virasse uma *véia-nova* e por conseguinte (caso tivesse *sorte*) uma *véia-véia*, seria do meu respectivo posicionamento enquanto uma *tomadora de conta* permanente, pois eu era sua única *filha-mulher*.

As relações de parentesco conseguiram me apresentar o curso da vida esperado em Canto do Buriti, pois eu não me via nas categorias de classificação associadas a esse curso de vida da cidade. Minhas perguntas, por vezes óbvias para minhas parentes-interlocutoras, colocavam frente a frente concepções diferentes sobre a organização do curso de vida. Se eu me via enquanto mulher, elas afirmavam que eu não era *muié* ainda, apenas uma *moça*. Nesse encontro, dois universos geracionais entravam em diálogo e me faziam repensar meu curso de vida por intermédio das decisões que eu viesse a tomar em relação a constituição de uma família ou a possibilidade de vir a ter mais de um filho (e de preferência uma *filha-mulher*).

A família conseguiu reconfigurar minhas narrativas em relação a minha própria biografia. Por conseguinte, com o auxílio dos "segredos de família" que descobri em campo fiz com que toda minha família e grupo de parentesco recriassem uma nova narrativa coletiva sobre a *origem*. Esses "segredos" que o campo remexeu acionavam novas concepções de *mundo*, valores, afetos e resvalavam nos "direitos" que eu teria em relação as histórias e *lembranças* que descortinei com o campo. As devolutivas na pesquisa com parentes eram para além do tempo do campo, eram trocas por toda uma *vida*.

Conversando com minha mãe sobre a pesquisa não ter necessariamente um fim ela disse: "Imagina quando eu voltar pra lá (Canto do Buriti)? Ou quando a gente ficar *véia* e você fica *véia* também?", me provocava enquanto sorria. O tempo do campo entre parentes não era dado apenas pelos eventos que ocorreram lá, ele extrapolava o limite espacial do campo, pois ele estava também dentro de casa, nos fluxos de *origem-mundo*, movimentando-se, estendendo-se. O tempo (e o tempo do campo) eram produções artificiais para dar ordem ao mundo investigado (Leach, 2010).

Com isso, vimos como a "Família é coisa que rende", como me disse minha avó Anita. A partir da análise do seu curso de vida foi possível vislumbrar como ele se desenrolou ao redor das casas nas quais morou, pois as casas se apresentavam como a forma de organizar a própria narrativa sobre a *vida*. O tempo da narrativa era também o tempo das casas. Narrativa, casa e *vida* se alinhavavam como a forma de *lembrar* e organizar os eventos passados. Essas pessoas que estavam *caindo para idade* não estavam sendo perpassadas apenas por temporalidades, mas também por espacialidades. Estavam circulando entre casas, estados, famílias e estabelecendo relações com e a partir de diferentes espaços.

As casas eram produtoras de relações e as relações eram criadoras de novos lugares. O lugar, assim como o *cair pra idade*, poderia ser lido como relacional, como agente que produz coisas no mundo. Pois as casas eram construídas a partir das relações da família e do grupo de parentesco, ao mesmo tempo em que elas construíam relações, representações e *lembranças*. O lugar se apresentava enquanto produtor de narrativas a partir de suas regras, etiquetas e moralidades (Damásio, 2016). Assim como as *surras* e as violências de outras ordens que atravessavam todo o curso de vida em Canto do Buriti poderiam ser encaradas como uma forma de comunicar as próprias relações interpessoais e de parentesco.

O "boato" podia ser visto como mecanismo de controle sobre os corpos, principalmente das mulheres nesse contexto e foi o responsável por levar tia Itamar ao *mundo*. Em São Paulo ela passou a viver e aprender outros *costumes*. O *costume* em Canto do Buriti era um fenômeno ligado ao saber-fazer e saber-viver em determinado lugar, mas também o de saber se *acostumar* com outros *costumes* (como o do *mundo*) e a saber se *desacostumar* com esses mesmos *costumes* quando se voltava para a *origem*. Ao viver e tentar mobilizar concepções entre o urbano e o rural, entre o interior e a metrópole, entre o lá e o cá, tia Itamar virava uma espécie de mulher entre-mundos e complexificava as barreiras, fronteiras e limites.

Ao viver e mobilizar essas concepções entre-mundos, ela tomou decisões que impactaram diretamente sobre seu *cair para a idade* em Canto do Buriti. Nesses deslocamentos ela mostrava como a *luta* e o trabalho eram valores morais que atravessavam tanto a *origem* quando o *mundo* de uma mulher "pobre" e "preta". Tia Itamar não teve filhos ou casou e ao voltar para a *origem* foi possível perceber como esses processos eram lidos como importantes para construir o *tomar de conta* em um futuro próximo.

A *vida* segue e dessa forma exibe a complexidade da existência humana em conjunto com a possibilidade de caminhar em diferentes direções. A variabilidade com que o ser humano tem de organizar a vida no mesmo *mundo* são múltiplas. Dessa forma, a *vida* humana pode ser lida como a perspectiva de constantemente experimentação com o *mundo* (também com a *origem*) e com o nele viver. E se ela é o interesse último e primeiro da antropologia, a disciplina não é tão diferente assim da sua matéria de reflexão. Do mesmo jeito, a história está em aberto para interpretação e a reinterpretações, a *vida*, como a antropologia, não está definida, dada. Ela está aberta para os acontecimentos, rupturas e transgressões. Um *mundo* que transborda mudança e que não é encerrado, mas aberto a todas mudanças possíveis em todas as direções, só poderia produzir uma disciplina em aberto (Ingold, 2019). Ao viver em um globo acometido por aquecimento global, desmatamento, climas extremos, extrema desigualdade social, crises econômicas, crises humanitárias e pandemias, é importantíssimo que pensemos na posição da antropologia em um mundo que chegou no seu limite, em como a antropologia pode ajudar a compreender as transformações que ocorreram, as transformações que estão em curso e as transformações que estão por vir.

Por fim, mas não menos importante, deixo aqui meus agradecimentos a quem percorreu esse livro e a essas *véias* que já foram *meninas*, *moças* e que *caíram para idade*. Para elas que tanto *criaram*, tanto *lutaram,* tanto caminharam e que continuam em caminhada, meu amor para além daqui. Como Soraya Fleischer e Fabiene Gama (2016, p. 125) colocaram, "se não há métodos prédefinidos na Antropologia, se eles costumam ser desenhados conforme o tema, o campo e as pessoas que conhecemos, é importante construirmos um repertório de experiências" e essas experiências são feitas em diálogo com nossas interlocutoras, colegas, autoras, professoras, disciplinas e parentes. Esses repertórios de experiências que nos iluminam são construídos e constituídos coletivamente. O fazer antropológico é assim, um processo extremamente artesanal e porque não, dispendioso, já que ele extrapola o espaço de sala de aula e ocupa nossas vidas nos diferentes espaços que percorremos diariamente e adentra também as nossas casas, famílias e parentes.

REFERÊNCIAS

ABU-LUGHOD, Lila. A escrita contra a cultura. **Equatorial**, Natal, v. 5, n. 8, jan/jun. 2018.

ALMEIDA, Heloisa. Gênero. **Blogs de Ciência da Universidade Estadual de Campinas**: Mulheres na Filosofia, Campinas, v. 6, p. 33-43, 2020.

ALVES, Yara de Cássia. **A casa raiz e o vôo de suas folhas**: família, movimento e casa entre os moradores de Pinheiro – MG. Dissertação (Mestrado em Antropologia Social) – Universidade de São Paulo, São Paulo, 2016.

ANZALDÚA, Glória. Falando em línguas: uma carta para as mulheres escritoras do terceiro mundo. **Estudos Feministas**, Florianípolis, v. 8, n. 1. 229-236, 2000.

ANZALDÚA, Gloria. La conciencia de la mestiza / rumo a uma nova consciência. **Rev. Estud. Fem**, Florianópolis, v. 13, n. 3, p. 704-719, sept./dec. 2005.

ARIÈS, Philippe. **História social da criança e da família**. Rio de Janeiro: Guanabara, 1981.

ASAD, Talal. **Anthropology and the colonial encounter**. New York: Humanities Press, 1973.

ASSIS, Gláucia de Oliveira. Mulheres migrantes no passado e Mulheres migrantes no passado e no presente: gênero, redes sociais e migração internacional. **Estudos Feministas**, Florianópolis, v. 15, n. 3, p. 336, set./dez. 2007.

AUGÉ, Marc (dir.). **Os Domínios do Parentesco (filiação, aliança matrimonial, residência)**. Lisboa, Edições 70 (col. Perspectivas do Homem, n.º 2), 1978 (trad. Ana Maria Bessa, Les Domaines de la Parenté, Librairie François Maspero. 1975).

BATISTA, Carla Gisele; BRITTO DA MOTTA, Alda. Velhice é uma ausência? Uma aproximação aos feminismos e a perspectiva geracional. **Revista Feminismos**, Salvador, v. 2, n. 1 jan./abr. 2014.

BEAUVOIR, Simone de. **O Segundo Sexo**. Tradução de Sérgio Milliet. Rio de Janeiro: Nova Fronteira, 1980. v. I, II.

BENJAMIN, Walter. Experiência e pobreza. In: OBRAS escolhidas, Magia e técnica, arte e política. São Paulo: Brasiliense, 1985. p. 114.

BENJAMIN, Walter. **O narrador**: considerações sobre a obra de Nikolai Leskov. Magia e técnica, arte e política: ensaios sobre literatura e história da cultura. São Paulo: Brasiliense, 1994. p. 197-221.

BILAC, Elisabete. Fim da Família. **Multiciência**, Campinas, v. 6, p. 1-6, 2006.

BONGIANINO, Cláudia. **Malas de sonhos e saudades**: família e mobilidade entre cabo-verdianos na Itália. 2012. Dissertação (Mestrado em Antropologia Social) – Universidade de Brasília, Brasília, 2012.

BORGES, Antonádia. Mulheres e suas casas: reflexões etnográficas a partir do Brasil e da África do Sul. **Cad. Pagu**, Campinas, n. 40, jan./jun. 2013.

BOSI, Eclésia. **Memória e sociedade**: lembranças de velhos. 3. ed. São Paulo: Companhia das Letras, 1994.

BRITTO DA MOTTA, Alda. A Família multigeracional e seus personagens. **Educação e Sociedade**, Campinas, v. 31, n. 111, p. 435-458, abr./jun. 2010.

BRUNER, Jerome. The narrative construction of reality. **Critical Inquiry**, v. 18, p. 1-21. 1991.

CARSTEN, Janet. A matéria do parentesco. **R@U**, São Carlos, v. 6, n. 2, p. 103-118, jul./dez. 2014.

CARSTEN, Janet. Entrevista com Janet Carsten. **R@U**, São Carlos, v. 6, n. 2, p. 147-159, jul./dez. 2014.

CERTEAU, Michael. **A invenção do cotidiano**: 1. Artes de fazer. Petrópolis: Vozes, 1994.

CLIFFORD, James. **A experiência etnográfica**: antropologia e literatura no século XX. Primeira reimpressão. Rio de Janeiro: Editora UFRJ, 2002.

CLIFFORD, James. **Introdução**: Verdades Parciais. Rio de Janeiro: Papéis Selvagens, 2016.

COHN, Clarice. Concepções de infância e infâncias: Um estado da arte da antropologia da criança no Brasil. **Civitas**, Porto Alegre, v. 13, n. 2, p. 221-244, maio/ago. 2013.

COLLINS, Patricia Hill; BILGE, Sirma. **Intersectionality**. Cambridge; Malden: Polity Press, 2016.

CORRÊA, Mariza. A antropologia no Brasil (1960-1980). *In:* MICELI, Sergio (org.). **História das ciências sociais no Brasil.** São Paulo: Sumaré/Fapesp, 1995. v. 2. p. 25-106.

CORRÊA, Mariza. O Mato e o Asfalto: Campos da Antropologia no Brasil. **Sociologia & Antropologia**, Rio de Janeiro, v. 1, n. 1, p. 209-229, 2011.

CORRÊA, Mariza. Repensando a família patriarcal brasileira. *In:* CORREA, M. (org.). **Colcha de Retalhos.** São Paulo: Brasiliense, 1982. p. 13-31.

DAMÁSIO, Ana Clara. **Entre tempos, espaços e relações:** Uma etnografia sobre o envelhecimento e o envelheceres na Guariroba, Ceilândia (DF). Monografia de conclusão de curso – Universidade de Brasília, Brasília, 2016.

DaMATTA, Roberto. **A casa e a Rua:** espaço, cidadania, mulher e a morte no Brasil. 5 ed. Rio de Janeiro: Rocco, 1997.

DaMATTA, Roberto. A família como valor: considerações não-familiares sobre a família à brasileira. *In:* ALMEIDA, Angela Mendes *et al.* (org.). **Pensando a família no Brasil**. Rio de Janeiro: Espaço e Tempo/ UFRRJ, 1987. p. 115-36.

DAS, Veena. Fronteiras, violência e o trabalho do tempo: alguns temas wittgensteinianos. **Rev. bras. Ci. Soc.**, [*s. l.*], v. 14, n. 40, p. 31-42, 1999.

DEBERT, Guita Grin. **A Reinvenção da Velhice:** socialização e processos de reprivatização do envelhecimento. São Paulo: EDUSP, 1999.

DEBERT, Guita Grin. Pressupostos da reflexão antropológica sobre a velhice. *In:* DEBERT, Guita Grin (org.). **Antropologia e velhice.** Campinas: Unicamp, 1994. p. 7-30. (Série Textos Didáticos, n. 13).

DEBERT, Guita Grin; PULHEZ, Mariana. Desafios do cuidado: apresentação. **TEXTOS DIDÁTICOS** (UNICAMP), Campinas, v. 66, p. 5-27, 2017.

DIAS, Luciana. Quase da família: corpos e campos marcados pelo racismo e pelo machismo. **Humanidades & Inovações**, v. 6, n. 16, p. 8-12, 2019.

DORNELLES, Jonatas. Antropologia e Internet: quando o "campo" é a cidade e o computador é a "rede". **Horiz. Antropol**, Porto Alegre, v. 10, n. 21, p. 241-271, jan./jun. 2004.

DUARTE, Luis Fernando. **Da vida nervosa nas classes trabalhadoras urbanas.** Rio de Janeiro: Jorge Zahar, 1986.

EVARISTO, Conceição. **Becos da Memória**. Belo Horizonte: Mazza, 2006.

FAVRET-SAADA, Jeanne. Ser afetado. **Cadernos de Campo**, São Paulo, v. 13 n. 13, p. 155-161, 2005.

FLEISCHER, Soraya. Autoria, subjetividade e poder: devolução de dados em um centro de saúde na Guariroba (Ceilândia/DF). **Ciência & Saúde Coletiva**, Rio de Janeiro, v. 20, n. 9, p. 2649-2658, 2015.

FONSECA, Cláudia. **Família, fofoca e honra**: etnografia das relações de gênero e violência em grupos populares. Porto Alegre: Editora da Universidade/ UFRGS, 2000.

FONSECA, Cláudia; SCHUCH, Patrice; VIEIRA, Miriam; PETERS, Roberta (org.). **Experiências, dilemas e desafios do fazer etnográfico contemporâneo**. Porto Alegre: Ed. UFRGS, 2010. p. 205-227.

FOUCAULT, Michel. **História da Sexualidade I**: A vontade de saber. Rio de Janeiro: Graal, 1977.

FOUCAULT, Michel. **A Arqueologia do Saber**. Tradução de Luiz Felipe Baeta Neves, revisão de Ligia Vassalo. Petrópolis: Vozes; Lisboa: Centro do Livro Brasileiro, 1972. 260 p.

GAMA, Fabiene; FLEISCHER, Soraya. Na cozinha da pesquisa: relato de experiência na disciplina. "Métodos e Técnicas em Antropologia Social". **Cadernos de Arte e Antropologia**, Salvador, v. 5, n. 2, p. 109-127, 2016.

GARCIA, Afrânio. **O Sul**: caminho do roçado; estratégias de reprodução camponesa e transformação social. São Paulo, Marco Zero; Brasília: Editora Universidade de Brasília; MCf-CNPq, 1989. 286 p.

GEERTZ, Clifford. Uma descrição densa: por uma teoria interpretativa da cultura. *In*: **A Interpretação das Culturas**. 1. ed. 13. reimpr. Rio de Janeiro: LTC, 2008.

GIMENO MARTÍN, Juan Carlos; MADROÑAL, Angeles Castaño. Antropologia comprometida, antropologia de orientação pública e descolonialidade: desafios etnográficos e descolonização das metodologias. **OPSIS** (online), Catalão, v. 16, n. 2, p. 262-279, jul./dez. 2016.

GOLDMAN, Marcio. Jeanee Favret-Saada, os afetos, a etnografia. **Cadernos de Campo**, São Paulo, v. 13, n. 13, p. 149-153, 2005.

GOMES, Edlaine; MENEZES, Rachel Aisengart. Etnografias possíveis: "estar" ou "ser" de dentro. *Ponto Urbe*, v. 3, 2008.

HENNING, Carlos Eduardo; DEBERT, Guita Grin. Velhice, gênero e sexualidade: revisando debates e apresentando tendências contemporâneas. **Mais 60. Estudos sobre Envelhecimento**, São Paulo, v. 26, n. 63, p. 8-31, dez. 2015.

HENNING, Carlos Eduardo. **Paizões, Tiozões, Tias e Cacuras:** envelhecimento, meia idade, velhice e homoerotismo masculino na cidade de São Paulo. Tese (Doutorado em Antropologia Social) – UNICAMP, Campinas, 2014.

HENNING, Carlos. 'Na minha época não tinha escapatória': teleologias, temporalidades e heteronormatividade. **Cadernos Pagu**, Campinas, n. 46, p. 341-371, jan./abr. 2016.

HENNING, Carlos. Nem no Mesmo Barco nem nos Mesmos Mares: gerontocídios, práticas necropolíticas de governo e discursos sobre velhices na pandemia da COVID-19. **Cadernos De Campo**, São Paulo, n. 29, n. 1, p. 150-155, 2020.

INGOLD, Tim. **Antropologia para que serve?** Petrópolis: Editora Vozes, 2019.

INGOLD, Tim. **Estar vivo:** ensaios sobre movimento, conhecimento e descrição. São Paulo: Vozes, 2015.

KOFES, Sueli. Experiências sociais, interpretações individuais: Histórias de vida, suas possibilidades e limites. **Cadernos Pagu**, Campinas, n. 3, p. 117-141, 2007.

KOPYTOFF, Igor. Ancestrais enquanto pessoas mais velhas do grupo de parentesco na África. **Cadernos de Campo**, São Paulo, v. 21, n. 21, p. 1-360, 2012.

KROEBER, Alfred [1937]. Sistemas classificatórios de parentesco. *In:* ROQUE, Laraia (org.). **Organização Social**. Rio de Janeiro: Zahar Editores, 1969. p. 15-25.

LEACH, Edmund. **Repensando a Antropologia**. São Paulo: Perspectiva, 2010.

LEITE, Miriam. Fotografia e Memória. **Revista ANTHROPOLÓGICAS**, ano 13, v. 20, n. 1+2, p. 339-354, 2009.

LÉVI-STRAUSS, Claude. **As Estruturas Elementares do Parentesco.** Petrópolis: Vozes, 1978.

LOBO, Andréa. Mobilidades e etnografias possíveis: entre migrações, refúgios e trânsitos diversos. **Revista Textos Graduados**, v. 4, n. 1, p. 8-18, 2018.

LOBO, Andréa. Um Filho Para Duas Mães? Notas Sobre a Maternidade Em Cabo Verde. **Revista De Antropologia**, São Paulo, v. 53, n. 1, p. 117-45, 2010.

LOBO, Andréa. **Tão Longe e Tão Perto. Famílias e Movimentos na Ilha de Boa Vista de Cabo Verde**. Brasília: ABA Publicações, 2014.

MACHADO, Lia Zanotta. Famílias e individualismo: tendências contemporâneas no Brasil. **Interface Comunic., Saúde, Educ**, Botucatu, v. 4, n. 8, p. 11-26, 2001.

MALINOWSKI, Bronislaw. **Argonautas do Pacífico Ocidental.** São Paulo: Abril Cultural, 1978.

MALINOWSKI, Bronislaw. Kinship. Reino Unido, **Revista Man**, v. 30, n. 2, p. 19-29, 1930.

MALINOWSKI, Bronislaw. **Um diário no Sentido Estrito do Termo**. Rio de Janeiro: Editora Record. 1997.

MAUSS, Marcel [1923-1924]. Ensaio sobre a dádiva. Forma e razão da troca nas sociedades arcaicas. *In:* **Sociologia e Antropologia**. São Paulo: Edusp, 1974. v. II.

MAYBLIN, Maya. The madness of mother: Agape Love and the maternal mith in Northeast Brazil. **American Anthropologist**, Virgínia, v. 114, n. 2, p. 240-252, 2012.

MOORE, Henrietta. Fantasias de poder e fantasias de identidade: gênero, raça e violência. **Cadernos Pagu**, Campinas, n. 14, p. 13-44, 2015.

PEIRANO, Mariza. Etnografia não é método. **Horizontes Antropológicos**, Porto Alegre, v. 20, n. 42, p. 377-391, 2014.

PEIRANO, Mariza. **Uma antropologia no plural**: três experiências contemporâneas. Brasília: Ed. UnB, 1992.

PEREIRA, Luena. Alteridade e Raça Entre África e Brasil. **Revista De Antropologia**, São Paulo, v. 63, n. 2, p. 1-14, 2020.

QUIJANO, Aníbal. Colonialidade do poder, eurocentrismo e América Latina. *In:* LANDER, Edgardo (ed.). *A colonialidade do saber: eurocentrismo e ciências sociais.* Buenos Aires: Clacso, 2005. p. 227-278.

RECK, Gregory. Narrative Anthropology. **Anthropology and Humanism**, Virgínia, v. 8, n. 2, p. 6-13, 1983.

SAID, Edward Wadie. **Cultura e imperialismo**. Tradução de Denise Bottman. São Paulo: Companhia das Letras, 2011.

SARTI, Cynthia. **A família como espelho**: um estudo sobre a moral dos pobres na periferia de São Paulo. 1994. Tese (Doutorado em Filosofia, Letras e Ciências Humanas) — Universidade Federal de São Paulo, São Paulo, 1994.

SARTI, Cynthia. Contribuições da Antropologia para o Estudo da Família. **Psicologia USP**, São Paulo, v. 3, n. 1-2, p. 69-73, 1992.

SEEGER, Anthony. Os Velhos nas Sociedades Tribais. *In:* **Os índios e nós**. Estudos sobre sociedades tribais brasileiras. Rio de Janeiro: Editora Campus Ltda, 1980. p. 61-79.

SILVA, Armando. **Álbum de família**: a imagem de nós mesmos. São Paulo: Sesc/Senai, 2008.

SILVA, Kelly Cristiane. O poder do campo e o seu campo de poder. *In:* BONETTI, Alinne; FLEISCHER, Soraya (org.). **Entre saias justas e jogos de cintura**. Florianópolis: Ed. Mulheres; Santa Cruz do Sul: EDUNISC, 2007.

SOTTO, Felipe. **Indígenas antropólogos e o espetáculo da alteridade**. Brasília: DAN/UnB, 2016. Série Antropologia. v. 456.

*STRATHEM, Marilyn. Necessidade de pais, Necessidade de mães. Estudos Feministas, Florianópo*lis, v. 3, n. 2, p. 303-329, 1995.

STRATHERN, Marilyn. *Fora de contexto*: as ficções persuasivas da antropologia. São Paulo: Terceiro Nome, 2013.

TASSINARI, Antonella. Concepções indígenas de infância no Brasil. **Tellus**, Campo Grande, ano 7, n. 13, p. 11-25, out. 2007.

TEIXEIRA, Jorge Luan. **Na terra dos outros**: Mobilidade, trabalho e parentesco entre os moradores do Sertão de Inhamuns (CE). 2014. Dissertação (Mestrado em Antropologia Social) — UFRJ. Museu Nacional. Rio de Janeiro, 2014.

VELHO, Gilberto. Família e subjetividade. *In:* ALMEIDA, Angela Mendes; *et al.* (org.). **Pensando a família no Brasil.** Rio de Janeiro: Espaço e Tempo/UFRRJ, 1987. p. 79-87.

VELHO, Gilberto. O patrão e as empregadas domésticas. **Sociologia, Problemas e Práticas**, [*s. l.*], n. 69, p. 13-30, 2012.

VELHO, Gilberto. Observando o familiar. *In:* NUNES, Edson de Oliveira (org.). **A aventura sociológica**: objetividade, paixão, improviso e método na pesquisa social. Rio de Janeiro: Zahar, 1978.

VIRGÍLIO, Nathan. **Pensa que é só dar o de-comer?** Criando e pelejando com parente e bicho bruto na comunidade do Góis-CE. 2018. Dissertação (Mestrado em Antropologia Social do Museu Nacional) – UFRJ, Rio de Janeiro, 2018.

WOORTMANN, Klass. **A transformação da Subordinação.** Anuário Antropológico – 81. Rio de Janeiro: Edições Tempo Brasileiro, 1983. p. 204-223.

WOORTMANN, Klass. Migração, família e campesinato. **Revista Brasileira De Estudos De População**, v. 7, n. 1, p. 35-53, 1990.